Vente des 24 et 25 Juin 1910
(SALLES SILVESTRE)

CATALOGUE

DE LA

BIBLIOTHÈQUE

DE FEU

M. LOYS BRUEYRE

FOLK-LORE, TRADITIONS ET USAGES POPULAIRES
DES DIVERSES NATIONS DU MONDE
LIVRES ILLUSTRÉS. — COSTUMES. — ETC.

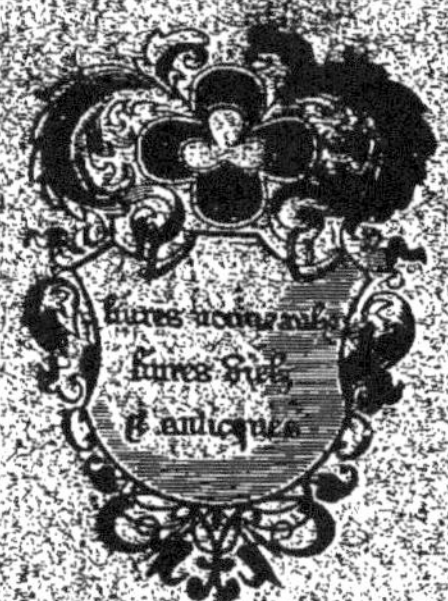

PARIS

EM. PAUL ET FILS ET GUILLEMIN
Libraires de la Bibliothèque Nationale
28, RUE DES BONS-ENFANTS, 28.

1910

LA VENTE AURA LIEU

Les Vendredi 24 et Samedi 25 Juin 1910

à huit heures précises du soir

Dans les Salles de Ventes aux Enchères

DE LA LIBRAIRIE ÉM. PAUL ET FILS ET GUILLEMIN

28, Rue des Bons-Enfants, 28 (Anciennes Maisons Silvestre et Labitte)

SALLE N° 1

Par le ministère de M° ANDRÉ DESVOUGES, Commissaire-Priseur

26, RUE DE LA GRANGE-BATELIÈRE, 26

Assisté de MM. ÉM. PAUL & FILS & GUILLEMIN, Libraires-Experts

28, RUE DES BONS-ENFANTS, 28

ORDRE DES VACATIONS

PREMIÈRE VACATION. — *Vendredi 24 Juin 1910*   1 à 151
DEUXIÈME VACATION. — *Samedi 25 Juin 1910*   152 à 300

CONDITIONS DE LA VENTE

La vente se fait expressément au comptant.

Les adjudicataires paieront 10 pour cent en sus des enchères.

Il y aura exposition chaque jour de vente, de 2 à 4 heures, des livres qui seront vendus le soir.

Les Experts se réservent la faculté, dans l'intérêt de la vente, de réunir ou de diviser les numéros du catalogue.

Les livres devront être collationnés dans les vingt-quatre heures de l'adjudication. Passé ce délai, ils ne seront repris pour aucune cause.

Les Libraires chargés de la vente rempliront, aux conditions d'usage, les commissions des personnes qui ne pourraient y assister.

CATALOGUE

DE LA

BIBLIOTHÈQUE

DE FEU

M. LOYS BRUEYRE

---

1. **ALEXANDRE** (Arsène). Honoré Daumier, l'homme et l'œuvre. Ouvrage orné d'un portrait à l'eau-forte, de deux héliogravures et de 47 illustrations. *Paris, Laurens,* 1888, gr. in-8, portr. pl. et vign. demi-rel. mar. r. dos orné, tête dor. ébarbé, *couverture illustrée.* (*Privitera.*)

    Un des 18 exemplaires numérotés sur PAPIER DE HOLLANDE (n° 12), auquel on a ajouté une LETTRE AUTOGRAPHE de l'auteur.

2. **ALMANACH** des Traditions populaires (rédigé par E. Rolland). Années 1882 (*2 exemplaires*), 1883 et 1884. — Annuaire des Traditions populaires. Années 1887 (*2 exemplaires, dont 1 sur grand papier*), 1889, 1890 et 1894. — *Paris, Maisonneuve,* 1882-1894. — Ens. 9 vol. in-18, dont 7 br. et 2 en demi-rel. v. f. dos orné, tête dor. non rog.

3. **ALPHONSE** (Pierre). Discipline de Clergie, traduction (avec le texte latin et une autre traduction en vers intitulée : Le Chastoiement du père à son fils). *Paris, Firmin-Didot,* 1824, 2 parties en 1 vol. gr. in-8, demi-rel. chag. r. non rog.

    Publication de la *Société des Bibliophiles Français.*
    Exemplaire sur GRAND PAPIER, tiré à petit nombre.

4. **AMÉLINEAU** (E.). Contes et Romans de l'Egypte chrétienne. *Paris, Leroux,* 1888, 2 vol. in-12, br. *couvertures.*

    De la *Collection de Contes et Chansons populaires.*

5. ANACRÉON. Odes, avec LIV compositions par Girodet. Traduction d'Amb. Firmin-Didot. *Paris, Firmin-Didot*, 1864, in-16, texte encadré d'un double fil. r. titre-front. gr. et fig. en photog. mar. bleu, emblèmes champêtres en argent incrustés sur le premier plat, dent. int. tr. dor. étui.

6. ANTHOLOGIE des Poètes français, depuis le XVe siècle jusqu'à nos jours. *Paris, Lemerre, s. d.* (1873), pet. in-8, vél. blanc à recouvr. titre calligraphié sur le dos, tête dor. non rog.

   De la *Petite Bibliothèque littéraire*.
   Un des 25 exemplaires numérotés sur PAPIER WHATMAN (Nº 16).

7. APULÉE. L'Ane d'or, précédé du Démon de Socrate. Nouvelle traduction, avec le latin en regard, par J.-A. Maury. *Paris, Bastien*, 1822, 2 vol. in-8, portr. et nombr. pl. gr. v. rac. dos orné, fil. tr. marb.

8. — L'Ane d'or, ou la Métamorphose. Traduction de Savalète. Préface de J. Andrieux. Avec de nombreuses gravures dessinées par A. Racinet, P. Benard. *Paris, Firmin-Didot*, 1872, gr. in-8, texte encadré, vign. demi-rel. mar. orangé avec coins, dos orné, fil. tête dor. ébarbé. (*Perreau.*)

   Edition imprimée avec luxe, sur papier vélin, avec le texte entouré d'un encadrement rouge et noir. Elle est ornée de nombreuses vignettes gravées sur bois.

9. ARCHIVIO per lo studio delle Tradizioni popolari. Rivista trimestrale diretta da G. Pitrè e S. Salomone-Marino. *Palermo, Luigi Pedone Lauriel*, 1882-1886, 5 vol. gr. in-8, en livraisons.

   Tomes I à V.

10. ARIOSTE. Roland furieux, poème. Traduction nouvelle, littérale et juxtalinéaire, par Alcide Bonneau. *Paris, Liseux*, 1879, in-16, pap. vergé et portr. gr. mar. r. à long grain, dos orné, fil. et comp. dent. int. tête dor. non rog.

    Tome I. Chants 1 à 5.

11. ARNAULT (Ant.-Vinc.). Souvenirs et Regrets d'un vieil amateur dramatique, ou lettres d'un oncle à son neveu sur l'ancien Théâtre Français depuis Bellecour, Lekain... jusqu'à Molé, Larive... (par Ant.-Vincent Arnault). Ouvrage orné de gravures coloriées représentant en pied... ces différents acteurs dans le rôle où ils ont excellé. *Paris, Leclère*, 1861, in-8, pl. gr. et *coloriées*, demi-rel. chag. r. tête dor. ébarbé.

    Ouvrage recherché orné de 49 jolies figures en couleur (dont les sept de la Comédie italienne).
    Le titre manque.

12. ASBJÖRNSEN (P.-Chr.) : Norske Folke-og Huldre-Eyentyr i Udvalg. *Kjöbenhavn*, 1879. — Eventyrbog for Börn. *Kjöben-*

havn, 1883. — Auswahl Norwegischer Volksmärchen und Waldgeister — Sagen, aus dem norwegischen übersetzt von H. Denhardt. *Leipzig*, 1881. — Tales from the Fjeld, from the norse, by G. W. Dasent. *London*, 1874. — Ens. 4 vol. in-8, portr. et nombr. fig. gr. sur bois, dont 1 cart. perc. verte et 2 br. *couvertures illustrées.*

13. Ashton (John). Romances of Chivalry, told and illustrated in fac-simile. *London, T. Fisher Unwin,* 1887, in-8, front. et nombr. fig. cart. perc. brune, fers spéciaux, tête dor. non rog.

14. Assistance et protection aux Enfants délaissés, maltraités et moralement abondonnés, etc. — Travaux de MM. L. Albanel et Dr Legras, A. Balestre et A. Giletta de Saint-Joseph, Ch Batault, Maurice Brouillet, L. Didier, G. Guény, J. Hélie, R. Lafabrègue, R. Lagrange, Léon Lallemand, Maurice Lévy, Henri Monod, Dr H. Thulié, Mère Marie Saint-Laurent, etc.— Réunion de 14 vol. in-8 et in-4, dont 2 reliés, et 50 brochures, *publiés de 1885 à 1909.*

15. — Assistance publique et Bienfaisance privée, Institutions pénitentiaires, etc. — Travaux de MM. Gabriel Gros-Mayre-vieille, Ferdinand-Dreyfus, Duflos, Cte d'Haussonville, Henri Monod, Ch. Mourrier, A. Muteau et A. Mareschal, André Passez, E. Robin, G. Rondel, etc. — Réunion de 17 vol. et 45 brochures in-8 et in-4, *publiés de 1875 à 1908.*

16. Aucassin et Nicolette, chantefable du XIIe siècle traduite par A. Bida. Révision du texte original et préface par Gaston Paris. *Paris, Hachette,* 1878, gr. in-8, texte encadré d'un fil. r. et 9 eaux-fortes de Bida, vélin blanc, titre calligraphié sur le premier plat de la reliure, doublé et gardes de tabis bleu, tête dor. non rog. (*Privitera.*)

   Un des 100 exemplaires numérotés sur PAPIER DE CHINE (n° 50), avec les eaux-fortes AYANT LA LETTRE.

17. Aulnoy (Mme d'). Les Contes des Fées, ou les Fées à la mode. Contes choisis publiés en deux volumes, avec une préface par M. de Lescure. Frontispices gravés par Lalauze. *Paris, Librairie des Bibliophiles,* 1881, 2 vol. in-16, pap. de Hollande, 2 front. gr. à l'eau-forte, demi-rel. v. f. dos orné, tête dor. ébarbé.

   De la *Bibliothèque des Dames.*

18. Avadanas (Les), contes et apologues indiens inconnus jusqu'à ce jour, suivis de fables, de poésies et de nouvelles chinoises, traduits par M. Stanislas Julien. *Paris, Benj. Duprat.* 1859, 3 vol. in-12, demi rel. v. f. tête r. ébarbé.

19. AVENTURES (les) merveilleuses de Fortunatus, avec une préface par Henry Fouquier et cent vingt dessins dans le texte par Édouard de Beaumont. *Paris, Librairie des Bibliophiles,* 1887, gr. in-8, fig. br. *couverture illustrée,* dans un emboîtage en cuir japonais.

Un des 35 exemplaires numérotés sur PAPIER DU JAPON (no 34).

20. BALZAC (H. de). Les Contes drolatiques colligez ez abbayes de Touraine et mis en lumière par le sieur de Balzac, pour l'esbattement des pantagruélistes et non aultres. Cinquiesme édition illustrée de 425 dessins par Gustave Doré. *Se trouve à Paris, ez bureaux de la Société générale de Librairie,* 1855, in-12, fig. demi-rel. mar. orange avec coins, dos orné, fil. tête dor. non rog. (*Allô.*)

PREMIER TIRAGE.

21. — Histoire de l'Empereur, racontée dans une grange par un vieux soldat. Vignettes par Lorentz, gravures par MM. Brevière et Novion. *Paris, Dubochet, Hetzel,* 1842, in-16, fig. et vign. gr. sur bois, cart. bradel, demi-perc. r. avec coins, non rog. *couverture illustrée.*

Joli petit volume, orné de nombreuses et curieuses vignettes gravées sur bois.

22. BANDELLO. Nouvelles (XVIe siècle). Traduites en français pour la première fois. *Paris, Liseux,* 1879-1880, 2 vol. in-16, pap. vergé, portr. mar. vert à long grain, dos orné, fil. et comp. fleurons aux angles des plats, dent. int. tête dor. non rog.

23. BARBEY D'AUREVILLY. Le Chevalier Des Touches. Dessins de Julien Le Blant gravés par Champollion. *Paris, Librairie des Bibliophiles,* 1886, in-8, pap. vélin de Hollande, portr. et fig. demi-rel. v. brun, dos orné, tête dor. ébarbé, *couverture.*

De la *Bibliothèque artistique moderne.*

24. BASQUE (Folk-lore) : Etudes sur l'origine des Basques, par M. Jean-François Bladé. — Le Romancero du pays basque. — Basque legends : collected, chiefly in the labourd, by Rev. Wentworth Webster. With an essay on the basque language, by M. Julien Vinson. — *Paris et Londres,* 1859-1877. — Ens. 3 vol. in-8 et in-12, br., cart. perc. verte et demi-rel. chag. brun, dos orné, tête dor.

25. BAUDELAIRE (Charles) : Les Fleurs du mal. — Curiosités esthétiques. — L'Art romantique. — Petits poèmes en prose. Les Paradis artificiels. — *Paris, Michel Lévy,* 1868-1869. — Ens. 4 vol. in-12, portr. gr. demi-rel. v. f. dos orné, tête dor. ébarbé.

26. Beaumarchais. La Folle Journée, ou le Mariage de Figaro, comédie en cinq actes, en prose... *Au Palais-Royal, chez Ruault*, 1785, in-8, 5 fig. par Saint-Quentin, gr. par Malapeau et Roi, demi-rel. v. brun.

Edition originale.
Nom manuscrit sur le titre ; petites taches.

27. Becq de Fouquières (L.). Les Jeux des Anciens, leur description, leur origine, leurs rapports avec la religion, l'histoire, les arts et les mœurs. Ouvrage accompagné de gravures sur bois d'après l'antique, dessinées et gravées par M. Léon Le Maire. *Paris, Reinwald*, 1869, gr. in-8, fig. demi-rel. v. r. dos orné, fil. tête dor. non rog. (*Privitera*.)

Un des 50 exemplaires numérotés sur grand papier de Hollande (n° 31).

28. Benserade. Poésies, publiées par Octave Uzanne. *Paris, Librairie des Bibliophiles*, 1875, in-12, pap. de Hollande, front. gr. à l'eau-forte par Lalauze, portr. et cul-de-lampe, mar. bleu, dos orné, riches comp. sur les plats et dent. int. tête dor. non rog. (*Privitera*.)

29. Bertin (Antoine). Poésies et Œuvres diverses. Avec une notice bio-bibliographique par Eugène Asse. *Paris, Quantin*, 1879, in-8, portr. et vign. gr. à l'eau-forte, fac-similé, demi-rel. mar. bleu avec coins, dos orné, fil. tête dor. non rog. (*Privitera*.)

Exemplaire numéroté sur papier Whatman blanc (n° 55), avec les eaux-fortes en *deux états* : avec la lettre en noir et avant la lettre *à la sanguine* sur Japon.

30. Bible (La Sainte), en latin et en françois, suivie d'un dictionnaire etymologique, géographique et archéologique, par A.-F. Barbié Du Bocage. *Paris, Lefèvre*, 1828-1834, 13 vol. gr. in-8, nombr. fig. gr. sur acier et carte en couleur gr. et pliée, demi-rel. chag. noir, tête dor. non rog.

Exemplaire sur grand papier vélin, avec les figures avant la lettre. Piqûres d'humidité.

31. Bibliographie. — Réunion de 4 opuscules et 3 vol. in-8, dont 6 br. et 1 cart. dos de perc. verte.

H. Gaidoz et Paul Sébillot : Bibliographie des Traditions et de la littérature populaire de la Bretagne. *Paris*, 1882 ; Bibliographie des Traditions et de la littérature populaire de l'Alsace. *Strasbourg*, 1883 ; Bibliographie des Traditions et de la littérature populaire des Frances d'outre-mer. *Paris*, 1886. — Bibliographie des ouvrages arabes ou relatifs aux Arabes publiés dans l'Europe chrétienne de 1810 à 1885, par Victor Chauvin. VI. Les Mille et une Nuits. (Troisième partie). *Liège*, 1902. Alberto Lumbroso : Saggio di una Bibliographia ragionata per servire alla storia dell'epoca Napoleonica. *Rome et Paris*, 1894-1895, 4 parties en 1 vol. (*A.-Benoist Lamothe*) ; Bibliografia del Blocco continentale. *Rome et*

Paris, 1897. — Table générale de l'Intermédiaire des chercheurs et curieux (1864-1891). *Paris, s. d.*

32. Bibliothèque Elzévirienne. *Paris, Jannet*, 1854-1878; 52 vol. in-12, pap. vergé, cart. perc. r. non rog.

Ancien Théâtre françois; 10 vol. — D'Aubigné : Les Tragiques. — Rémy Belleau. OEuvres complètes ; 3 vol. — Aventures du baron de Fœneste. — Catalogue raisonné de la bibliothèque elzévirienne. — Cent nouvelles nouvelles ; 2 vol. — Chapelle et Bachaumont. OEuvres. — Evangile des Quenouilles. — Jean d'Arras, Mélusine. — Nouvelle fabrique. — Nouvelles françoises en prose du XIII⁰ siècle. — Nouvelles françoises en prose du XIV⁰ siècle. — Quinze Joyes de mariage. — Ronsard. OEuvres complètes ; 7 vol. (*Tomes I à III et V à VIII*). — Racan. OEuvres 2 vol. — Scarron. Roman comique ; 2 vol. — Saint-Amant. OEuvres complètes ; 2 vol. — Straparole. Les Facétieuses Nuits ; 2 vol. — Tabarin. OEuvres ; 2 vol. — Variétés historiques et littéraires ; 10 vol.

33. — Bibliothèque Gauloise. *Paris, Delahays*, 1858-1859; 6 vol. in-12, cart. perc. verte, non rog.

OEuvres comiques, galantes et littéraires de Cyrano de Bergerac. — Histoire comique des états et empires de la lune et du soleil, par Cyrano de Bergerac. — Le Livre des proverbes français, par M. Le Roux de Lincy ; 2 vol. — Le Virgile travesti en vers burlesques, par Paul Scarron. — Le Cymbalum Mundi ; précédé des Nouvelles Récréations et Joyeux Devis de Bonaventure des Periers.

34. — Bibliothèque orientale publiée sous la direction d'un Comité scientifique international. *Paris, Maisonneuve*, 1872-1881; 5 vol. gr. in-8; demi-rel. chag. vert; dos orné, tête dor. ébarbé.

Rig-Véda, ou le Livre des Hymnes, traduit du sanscrit par A. Langlois. — Hymnes sanscrits, persans, assyriens et chinois. Chi-King, ou livre des vers, traduit en français par G. Pauthier. — Introduction à l'Histoire du Buddhisme indien par E. Burnouf. — Le Koran analysé d'après la traduction de M. Kasimirski, par Jules La Beaume. — Avesta, livre sacré du Zoroastrisme, traduit du texte Zend, par C. de Harlez.

35. — Bibliothèque récréative publiée par V. Develay. *Paris, Librairie des Bibliophiles*; 1870-1872; 10 ouvrages en 8 vol. in-32, vign. gr. sur bois, dont 6 en demi-rel. cuir de R. ou mar. et 2 en mar. r. et orange; dos orné; tête ou tr. dor. (*Perreau.*)

Pétrarque. Griselidis, conte. — Erasme : Les Mendiants riches ; Caron ; le Cyclope ; l'Amant et la maîtresse ; le Jeune homme et la Fille de joie ; le Chevalier sans cheval. — Lettres des Hommes obscurs ; 3 vol. — Jean Second. Odes. — Daniel Heinsius: Eloge du Pou.

36. — Nouvelle Bibliothèque des Romans dans laquelle on donne l'analyse raisonnée des romans anciens et modernes, français ou traduits dans notre langue; avec des anecdotes et des notices historiques et critiques concernant les auteurs ou leurs ouvrages ; ainsi que les mœurs, les usages du temps, et les personnages connus, déguisés ou emblématiques. *Paris, Maradan*, 1802-1805, 42 tomes en 21 vol. in-12; v. brun et

bleu, dos orné, fil. dor. dent. comp. et milieu à froid, tr. marb·
(*Rel. de l'époque.*)

4e année. Tomes XIII et XIV. — 5e année. Tomes IX à XVI. — 6e
année. Tomes I a XVI. — 7e année. Tomes I à XVI.
Ex-libris gravé et armorié du Marquis de FORTIA sur plusieurs volumes.

37. BLADÉ (Jean-François) : Contes et proverbes populaires
recueillis en Armagnac. — Poésies populaires en langue française recueillies dans l'Armagnac et l'Agenais. — Proverbes et
devinettes populaires recueillis dans l'Armagnac et l'Agenais.
Texte gascon et traduction française. — Contes populaires
recueillis en Agenais. Traduction française et texte agenais
suivis de notes comparatives, par M. Reinhold Kœhler. *Paris*,
1867-1879. — Ens. 4 ouvrages en 3 vol. gr. in-8, cart. bradel
dos de perc. r. et demi-rel. v. f. non rog.

38. BLANCHE et Bleue, ou les Deux couleuvres-fées. Roman chinois, traduit par Stanislas Julien. *Paris, Charles Gosselin,*
1834, in-8, demi-rel. v. bleu, dos orné, tête dor. ébarbé.

39. BOCCACE. Contes et Nouvelles. Traduction libre, accomodée
au goût de ce temps. Seconde édition, dont les figures sont
nouvellement gravées par les meilleurs maîtres, sur les dessins
de M. Romain de Hooge. *Cologne, Jacques Gaillard,* 1702,
2 vol. pet. in-8, front. et nombr. fig. à mi-page gr. sur
cuivre, v. f. ant. tr. r.

Petites taches.

40. — Les Dix Journées. Traduction de Le Maçon réimprimée
par les soins de D. Jouaust, avec notice, notes et glossaire par
M. Paul Lacroix. Onze eaux-fortes par Flameng. *Paris,*
Librairie des Bibliophiles, 1873, 10 parties en 4 vol. in-16, pap.
vergé, portr. et eaux-fortes, mar. bleu à long grain, dos orné,
fil. et comp. dent. int. tête dor. non rog. (*Perreau.*)

De la *Petite Bibliothèque artistique.*

41. BOILEAU. Œuvres, avec des éclaircissemens historiques.
Paris, Veuve Alix, 1740, 2 vol. in-4, portr. par Rigaud, fleuron, vign. culs-de-lampes et lettres ornées, v. ant. marb. dos
orné, tr. r.

42. BOPP (François). Grammaire comparée des langues indo-
européennes comprenant le sanscrit, le zend, l'arménien, le
grec, le latin, le lithuanien, l'ancien slave, le gothique et l'allemand, traduite sur la deuxième édition et précédée d'une
introduction, par M. Michel Bréal. *Paris, Imprimerie Impé·*
riale, 1866-1872, 4 vol. in-8, pap. vergé, demi-rel. chag.
brun, dos orné, tête dor.

43. Bosquet (Mlle Amélie). La Normandie romanesque et mer-
veilleuse. Traditions, légendes et superstitions populaires de
cette province. *Paris, Techener,* 1845, in-8, demi-rel. v. f. dos
orné.

>Rare.

44. Bossuet. Les Editions originales des Oraisons funèbres. Portrait sur acier d'après Ficquet et Savard par Pasquien. Lettres
ornées, fleurons, culs-de-lampe, par L. M. *Paris. Bonnassies,*
1877, in-8, pap. de Holl., portr. mar. bleu, dos orné, comp.
à fr. dent. int. tête dor. non rog. (*Privitera.*)

45. Bouchet (Guillaume). Les Serrées, avec notice et index par
C. E. Roybet. *Paris, Lemerre,* 1873-1882, 6 vol. pet. in-12,
pap. de Hollande, demi-rel. mar. r. avec coins, dos orné à
petits fers, fil. tête dor. ébarbé. (*Privitera.*)

>De la *Bibliothèque d'un curieux.*

46. Brantome. Les Sept Discours touchant les Dames galantes,
publiés sur les manuscrits de la Bibliothèque nationale, par
Henri Bouchot. Dessins d'Edouard de Beaumont gravés par
E. Boilvin. *Paris, Librairie des Bibliophiles,* 1882, 3 vol. in-16,
pap. vergé, portr. et fig. gr. à l'eau-forte demi-rel. mar.
citron, dos orné, tête dor. ébarbé. (*Privitera.*)

>De la *Petite Bibliothèque artistique.*

47. Bréal (Michel). Mélanges de Mythologie et de linguistique.
Paris, Hachette, 1877, in-8, demi-rel. v. violet, dos orné, fil.
tête dor. ébarbé.

48. BRILLAT-SAVARIN. Physiologie du Gout ; avec une préface par Ch. Monselet. Eaux-fortes par Ad. Lalauze. *Paris,
Librairie des Bibliophiles,* 1879, 2 vol. in-16, pap. de Hollande,
portr. et vign. gr. à l'eau-forte, mar. r. à long grain dos orné,
fil. et comp. fleurons aux angles des plats, dent. int, tête dor.
non rog. (*Privitera.*)

>De la *Petite Bibliothèque artistique.* — Rare.

49. Brivois (Jules). Bibliographie des ouvrages illustrés du
XIXe siècle, principalement des Livres à gravures sur bois.
Paris, Rouquette, 1883, gr. in-8, pap. vergé, cart. perc. verte
genre bradel, non rog. (*Pierson.*)

50. Brueyre (Loys). Contes populaires de la Grande-Bretagne.
Paris, Hachette, 1875, gr. in-8 de xlviii-382 pp. br.

>24 *exemplaires.*

51. — Ouvrages divers. — Réunion de 140 brochures in-8.

>1. La Littérature anglaise et les Traditions populaires. *Montévrain,* 1887,
in-8 de 54 pp. br. (*127 exemplaires*).
>2. Epigrammes. Mes Papillotes. Aux Perruques. Mes Contemporains.

Tirage à 100 exemplaires non mis dans le commerce. *Paris*, 1890, in-8 de 39 pp. br. *(6 exemplaires)*.

3. Observations sur le projet de loi relatif à la surveillance des établissements de bienfaisance privés. *Paris, Masson* 1901, in-8 de 32 pp. br. *(7 exemplaires)*.

52. BRUNET (Victor). Contes populaires du Bocage (Première série). *Vire, Guérin*, 1886, in-8 de 159 pp. br.

Ouvrage *tiré seulement à 60 exemplaires* et non mis dans le commerce.

53. CABINET du Bibliophile. *Paris, Librairie des Bibliophiles*, 1870-1884, 9 vol. in-16, pap. vergé, demi-rel. v. ou mar. de diverses couleurs, dos orné, tête dor. non rog.

Les Fables du très ancien Esope mises en rithme françoise, par Gilles Corrozet, publiées par le M* de Queux de Saint-Hilaire. — De La Mothe Fénelon. Fables, avec une préface par Hippolyte Fournier. — Poésies de J. Tahureau, publiées par Prosper Blanchemain. Tome II. Sonnets, odes et mignardises. — M** de Duras. Ourika, avec une préface par M. de Lescure. — La Boëtie. La Servitude volontaire, ou le Contr'un, réimprimé par D. Jouaust. — Gentil Bernard. L'Art d'aimer, poème en trois chants publié par F. de Marescot. — Voyage autour de ma chambre, par Xavier de Maistre. — Contes d'Hamilton, publiés avec une notice de M. de Lescure; 4 parties en 2 vol.

54. CALLAWAY (le Rev. Canon). Nursery Tales, traditions and histories of the Zulus, in their own words, with a translation into english, and notes. *London, Trübner*, 1868, in-8, demi-rel. v. f. dos orné, fil. tête dor. ébarbé.

Tome I, seul paru.

55. CAMPARDON (Emile). Les Spectacles de la Foire. Théâtres, acteurs, sauteurs et danseurs de corde, monstres, géants, nains, animaux curieux ou savants, marionnettes, automates, figures de cire et jeux mécaniques des foires Saint-Germain et Saint-Laurent, des Boulevards et du Palais-Royal, depuis 1595 jusqu'à 1791. Documents inédits recueillis aux Archives nationales. *Paris, Berger-Levrault*, 1877, 2 vol. gr. in-8, demi-rel. mar. r. avec coins, dos orné, fil. tête dor. non rog.

Exemplaire sur PAPIER DE HOLLANDE, n° 157.

56. CAMPBELL (J.-F.). My Circular Notes. Extracts from journals, letters sent home, geological and other notes, written while travelling westwards round the world, from july 6, 1874, to july 6, 1875. *London, Macmillan*, 1876, 2 vol. in-8, nombr. fig. cart. perc. grise, fers spéciaux.

57. — Popular Tales of the West Highlands, orally collected, with a translation. *Edinburgh, Edmonston*, 1860-1862, 4 vol. pet. in-8, fig. cart. perc. violette, fers spéciaux.

58. CARLETON (William). Traits and stories of the Irish peasantry. Tenth complete edition. With the author's last corrections, an introduction, explanatory notes and numerous illus-

trations, by Harvey, Gilbert, Phiz, Franklin, Macmanus, etc. *London, William Tegg, s. d.* 2 vol. in-8, portr. et fig. cart. perc. verte, fers spéciaux, non rog.

59. CATULLE. Poésies. Traduction nouvelle, par Victor Develay. *Paris (Impr. de Dubuisson et Cie),* 1867, in-16, mar. brun à long grain, fil. à froid, dent. int. tr. dor.

Tiré à un petit nombre d'exemplaires tous numérotés (n° 304).

60. CAYLUS (le comte de). Facéties... avec une notice bio-biblio-graphique par Octave Uzanne. *Paris, Quantin,* 1879, in-8 carré, portr. vign. planche et fac-similé, demi-rel. mar. grenat avec coins, dos orné, fil. tête dor. non rog.

De la *Collection des Petits Conteurs du XVIIIe siècle.*

61. CENT NOUVELLES nouvelles (les Dix Dizaines des), réimpri-mées par les soins de D. Jouaust, avec notice, notes et glossaire par M. Paul Lacroix. Dessins gravés de Jules Garnier. *Paris, Librairie des Bibliophiles,* 1874, 10 parties en 4 vol. in-16, pap. vergé, fig. à l'héliogravure, mar. bleu à ong grain, dos orné, fil. et comp. tête dor. ébarbé. (*Privitera.*)

De la *Petite Bibliothèque artistique.*

62. CERVANTÈS. L'Ingénieux Hidalgo Don Quichotte de la Manche, traduit et annoté par Louis Viardot. Vignettes de Tony Johannot, *Paris, J.-J. Dubochet et Cie,* 1836-1837, 2 vol. gr. in-8, texte encadré d'un double fil. noir, 2 front. 2 fig. sur Chine volant et nombr. vign. gr. sur bois, demi-rel. mar. La Vall. avec coins, dos orné et mosaïqué de mar. vert, fil. tête dor. ébarbé. (*Brany.*)

PREMIER TIRAGE.

63. CHAMPFLEURY : Histoire de la Caricature antique, Deuxième édition, très augmentée. — Histoire de la Caricature au moyen âge. — Le Musée secret de la Caricature. — Histoire de l'Imagerie populaire. Nouvelle édition revue et augmentée. — *Paris, Dentu,* 1865-1888. — Ens. 4 vol. in-12, nombr. fig. en noir et en couleur, dont 1 cart. et 3 en demi-rel. v. bleu et r. dos orné.

64. CHAMPIER (Victor). Les Anciens Almanachs illustrés. Histoire du calendrier depuis les temps anciens jusqu'à nos jours. Ouvrage accompagné de 50 planches hors texte en noir et en couleur, reproduisant les principaux almanachs illustrés ou gravés par Léonard Gaultier, Crispin de Passe, Abraham Bosse, de Larmessin, etc., etc... *Paris, Frinzine,* 1886, in-fol. pl. en feuilles, dans un carton genre portefeuille, dos et coins de perc. bleue.

65. Chanson (la) de Roland, texte critique accompagné d'une
traduction nouvelle et précédé d'une introduction historique
par Léon Gautier... avec eaux-fortes par Chiffart et V. Foulquier et un fac-similé. *Tours, Alfred Mame et Fils,* 1872,
2 vol. gr. in-8, pap. vélin, eaux-fortes sur Chine, fig. sur bois,
carte en couleur et fac-similé, demi-rel. mar. vert, tête dor.
ébarbé. (*Perreau.*)

66. Chansons populaires de la France. — Réunion de 1 opuscule et 5 vol. in-8, musique notée, dont 1 br. et 5 cart. ou
demi-rel. v. vert.

> Les Mélodies populaires de la France, paroles, musique et histoire,
> publiées par Anatole Loquin. Première série. *Paris,* 1879. — Recueil de
> Chansons populaires, par E. Rolland. *Paris,* 1883-1890, 4 tomes en 3 vol.
> (*Tomes I et IV à VI*). — La Chanson populaire, par J.-B. Weckerlin.
> *Paris,* 1886. — Chansons et Ballades populaires du Valois, recueillies par
> Gérard de Nerval. *Paris,* 1885.

67. — Recueil de Chansons populaires grecques, publiées et
traduites pour la première fois, par Emile Legrand. *Paris,
Maisonneuve,* 1874, gr. in-8, demi-rel. chag. bleu avec coins,
dos orné, fil. tête dor. non rog.

> Tiré à petit nombre sur papier de Hollande.

68. — Recueil Clairambault-Maurepas. Chansonnier historique
du XVIII° siècle, publié avec introduction, commentaire,
notes et index, par Emile Raunié, orné de portraits à l'eau-
forte par Rousselle. *Paris, Quantin,* 1879-1884; 10 tomes en
5 vol. in-8, nombr. portr. mar. vert à long grain, dos orné,
fil. et comp. tête dor. non rog. (*Privitera.*)

> Un des 50 exemplaires numérotés sur papier de Chine (n° 9), avec les
> portraits en *double état* : avec la lettre sur Hollande et avant la lettre
> sur Japon.

69. CHANTS et Chansons populaires de la France. *Paris, Del-
loye,* 1843, 3 vol. gr. in-8, 3 titres-front. et nombr. pl. gr.
sur acier et musique notée, demi-rel. mar. bleu avec coins,
dos orné, fil. tête dor. ébarbé, *couvertures illustrées.* (*Allô.*)

> Premier tirage.

70. — Chants et Chansons populaires des provinces de l'Ouest,
Poitou, Saintonge, Aunis et Angoumois, avec les airs originaux, recueillis et annotés par Jérôme Bujeaud. *Niort, Clouzot,*
1866, 2 tomes en 1 vol. gr. in-8, pap. vélin, musique notée,
demi-rel. chag. r.

> Envoi autographe de l'auteur.

71. — Chants et Légendes populaires de la Grèce et de la Tur-
quie. — Réunion de 2 opuscules et 7 vol. in-12 et in-8, dont
5 br. et 4 rel.

> Chants populaires de la Grèce moderne, réunis par le C'° de Marcellus.

Paris, 1860. — A. de Tanouarn. Contes athéniens. *Paris*, 1868. — E. Legrand. Chansons populaires grecques. *Paris*, 1876. — La Légende athénienne, par Em. Burnouf. *Paris*, 1872. — Griechische und albanesische Märchen von J. G. v. Hahn. *Leipzig*, 1864, 2 tomes en 1 vol. 2 pl. lithog. en *couleur*. — La Poesia popular bulgara. *Barcelona*, 1887. — Les Plaisanteries de Nasr-Eddin Hodja traduites du turc, par J.-A. Decourdemanche. *Paris*, 1876. — Fables turques, traduites (par le même). *Paris*, 1882. — The History of the Forty Vezirs or the story of the Forty Morns and Eves, written in turkish by Shecjkh-Zada done into english by E.-J.-W. Gibb. *London*, 1886.

72. CHARENCEY (Comte de). Travaux sur le Folk-lore Américain. — 12 brochures in-8, *publiées de 1871 à 1898*.

73. CHARIVARI (Le), publiant chaque jour un nouveau dessin en lithographie, ou gravures et vignettes sur bois. *Paris, 1er juin 1844 au 31 décembre 1845*. — Réunion de 532 numéros (*avec lacunes*) en 3 vol. in-fol. à 3 col. nombr. lithog. par Daumier, Bouchot, E. de Beaumont, Emy, Eustache-Lorsay, Cham, Vernier, etc. et vign. sur bois, demi-rel. bas. r. et brune. (*Rel. d'un vol. fatig.*)

Cassures à quelques feuillets.

74. CLOUSTON (W.-A.). Popular Tales and fictions, their migrations and transformations. *London, William Blackwood*, 1887, 2 vol. in-8, pap. vergé, cart. dos de bas. verte tête dor. non rog.

75. COHEN (Henry). Guide de l'Amateur de livres à gravures du XVIIIe siècle. Cinquième édition revue, corrigée et considérablement augmentée, par le baron Roger Portalis. *Paris, Rouquette*, 1886, gr. in-8 à 2 col. pap. vélin, demi-rel. mar. grenat, dos orné, fil. tête dor. non rog.

76. COLLECTION des auteurs latins avec la traduction en français, publiés sous la direction de M. Nisard. *Paris, Dubouchet et Firmin-Didot*, 1863-1869, 8 vol. gr. in-8 à 2 col, demi-rel. chag. brun.

Ammien Marcellin, Jornand, Frontin, Végèce, Modestus. — Macrobe, Varron, Pomponius Méla. — Plaute, Térence et Sénéque. — Salluste, Jules César. Velléius Paterculus et A. Florus. — Suétone, Eutrope, Sextus Rufus. — Tacite. — Tite-Live ; 2 vol.

77. — Nouvelle Collection Jannet. *Paris, Lemerre et Picard*, 1867-1874, 7 vol. in-12, dont 5 cart. perc. bleue, non rog. et 2 en demi-rel. mar. r. et vert avec coins, dos orné, fil. tête dor.

Restif de la Bretonne. Les Contemporaines ; 3 vol. — Jehan de Paris. — La Reconnaissance de Sakountala, par Kalidasa. — La Princesse de Clèves, par Mme de La Fayette. — Œuvres complètes de François Villon.

78. — Petite Collection antique. *Paris, Quantin*, 1878-1887, 12 vol. in-16, texte encadré et nombr. fig. en noir et en cou-

lcur, mar. de diverses couleurs, dos orné, fil. et comp. tête
dor. bleue, r. ou verte, ébarbé. (*Privitera.*)

Apulée. L'Amour et Psyché. — Longus. Daphnis et Chloé. — Ovide.
Les Amours. — Musée. Héro et Léandre. — Tatius. Leucippe et Clito-
phon. — Virgile. Les Bucoliques. — Lucien. Dialogue des Courtisanes.
— Poésies de Anacréon et de Sapho. — Apollonius de Rhodes. Jason et
Médée. — Horace. Odes et épodes. — Théocrite. Les Idylles. — Lucius.
L'Ane.

79. CONSTANS (L.). La Légende d'Œdipe étudiée dans l'Antiquité,
au Moyen âge et dans les temps modernes, en particulier dans
le Roman de Thèbes, texte français du XII°. siècle. *Paris,
Maisonneuve*, 1881, in-8, front. br.

80. CONTES et Chansons populaires de l'Angleterre. — Réunion
de 9 vol. in-12 et in-8, nombr. fig. cart. et demi-rel. chag.
bleu.

Anecdotes and Traditions, edited by W. J. Thoms. *London*, 1839. —
Contes dramatiques de W. Shakspere, ou légendes populaires racontées
par Charles Lamb ; traduction de l'anglais, par M. A. Borghers. *Paris,*
1847. — Nursery rhymes and nursery tales of England, collected by
J. O. Halliwell. *London*, 1849, 2 vol. — Traditions and hearthside stories of
West Cornwal, by W. Bottrell. *Penzance*, 1873. — Popular Romances of
the West of England ; or the Drolls, traditions and superstitions of Old
Cornwall, by R. Hunt. *London, s. d.* — Notes on the Folk-lore of the Northern Counties of England and the borders, by William Henderson. *London*, 1866. — New Curiosities of literature, and Book of the months, by
George Soane. *London*, 1849, 2 vol.

81. — Contes et Chansons populaires d'Espagne. — Réunion de
5 vol. in-12 et in-8, dont 1 br. et 4 rel.

Lo Rondallayre. Quentos populars catalans coleccionats per F. Maspons
y Labros. *Barcelona*, 1871. — Patrañas ; or spanish stories, legendary and
traditional, by the author of Traditions of Tirol. *London*, 1870, fig. par
E. H. Corbould. — Romancero général, ou Recueil des chants populaires
de l'Espagne. Traduction complète, avec une introduction et des notes,
par M. Damas Hinard. *Paris*, 1844, 2 vol. — Cansons y Follies populars
(inédites) recullides al peu de Montserrat per Pau Bertran y Bros. *Barcelona*, 1885.

82. — Contes, Chants populaires et proverbes du Languedoc, de
la Gascogne et du Béarn. — Réunion de 3 opuscules et 4 vol.
in-12 et in-8, dont 5 br. et 2 rel.

Chants populaires du Languedoc, publiés sous la direction de
MM. A. Montel et L. Lambert. *Paris*, 1880, musique notée. — Énigmes
populaires en langue d'oc, publiées par A. Roque-Ferrier. *Montpellier,*
1876. — Proverbes et dictons populaires recueillis à Colognac, par le
Pasteur P. Fesquet. *Paris,* 1874. — Contes populaires de la Gascogne, par
Cénac Moncaut. *Paris*, 1861. — Littérature populaire de la Gascogne.
Contes, mystères, chansons historiques, satiriques, sentimentales, ron-
deaux. Texte patois avec la traduction en regard et la musique des prin-
cipaux chants (par le même). *Paris,* 1868. — Les Légendes des Hautes-
Pyrénées, par Eugène Cordier. *Lourdes*, 1855. — Proverbes du pays de
Béarn, énigmes et contes populaires recueillis par V. Lespy. *Paris*, 1876.

83. — Contes et Chants populaires de la Russie. — Réunion de

8 vol. in-12, in-8 et in-4, dont 3 br. et 5 cart. ou demi-rel v.
bleu.

Légendes Slaves du Moyen âge, 1169-1237 ; traduction du Paléo-Slave
en français, avec texte en regard, par A. Chodzko. Paris, 1858. — Contes
des paysans et des pâtres slaves, traduits en français (par le même). Paris,
1864. — Krejloff, ou le La Fontaine russe, sa vie et ses fables par A. Bou-
geault. Paris, 1852. — W. R. S. Ralston : The Songs of the Russian
people. London, 1872 ; Russian Folk-Tales. London, 1873 ; Early Russian
history. London, 1874. — Louis Leger. Etudes slaves. Voyages et littérature. Paris, 1875. — Achille Millien. Les Chants oraux du peuple russe.
Paris, 1893.

84. — Collection de Contes et de chansons populaires. *Paris,
Leroux*, 1881-1892, 12 vol. in-18, demi-rel. V. vert, dos orné,
tête dor. ébarbé.

Contes populaires grecs, traduits par Émile Legrand. — Romanceiro.
Choix de vieux chants portugais traduits et annotés par le comte de
Puymaigre. — Contes Albanais, recueillis et traduits par Auguste Dozon.
— Recueil de Contes populaires de la Kabylie du Djurdjura, recueillis
et traduits par J. Rivière. — Recueil de Contes populaires slaves, traduits
sur les textes originaux par Louis Léger. — Contes Indiens. Les Trente-
deux récits du trône, traduits du bengali par Léon Feer. — Contes
Arabes. Histoire des dix vizirs, traduite et annotée par Réné Basset. —
Contes Français, recueillis par E. Henry Carnoy. — Les Voceri de l'île
de Corse, par Frédéric Ortoli. — Contes populaires berbères, recueillis,
traduits et annotés par René Basset. — Contes Ligures, recueillis par
James Bruy Andrews. — Le Folk-Lore du Poitou, par Léon Pineau.

85. — Contes, Fables et chansons populaires de l'Inde. — Réunion de 8 vol. in-12 et in-8, nombr. fig. cart. ou demi-rel.
v. r.

Essai sur les Fables indiennes et sur leur introduction en Europe, par
A. Loiseleur Deslonchamps, suivi du roman des Sept Sages de Rome
publié par Le Roux de Lincy. Paris, 1838. — Indian Fairy Tales, collec
ted and translated by Maive Stokes. London, 1880. — Wide-Awake Stories, by F.-A. Steel and R. C. Temple. Bombay, 1884. — Bahnu, or our
Afgan frontier, by S. S. Thorburen. London, 1876. — Old Decan day ;
or, hindoo fairy legends, current in Southern India, collected by
M. Frere. London, 1870. — Vikram and the Vampire, or Tales of Hindu
devirly, adapted by Richard F. Burton. London, 1870. — Hindoo Mythology. Madras, 1875. — The Folk-Songs of Southern India, by Charles
E. Gover. London, 1872.

86. — Contes et Légendes Annamites, par A. Landes. *Saïgon,
Imprimerie Coloniale*, 1886, gr. in-8, pap. vergé teinté, demi-
rel. v. r. dos orné, tête dor.

87. — Contes et Légendes populaires de l'Afrique. — Réunion
de 7 vol. in-12, in-8 et in-4, dont 1 br. et 6 cart. ou demi-rel.
v. r.

Reynard the fox in South Africa : or, Hottentot fables and tales, translated by W. H. J. Bleek. London, 1864. — Nursery Tales, traditions and
histories of the Zulus, with a translation into english, by the Rev. Callaway. Natal, 1868, 1 vol. (tome 1, seul publié). — Swahili Tales, as told
by natives of Zanzibar, with an english translation by Ed. Steere. London,
1870. — Quelques Contes Nubiens, par Maxence de Rochemonteix. Au
Caire, 1888. — Kaffir Folk-lore, with copious explanatory notes by

— 15 —

M⁰ Call Théal. *London, s. d.* — Contes Arabes, par E. de Lorral. *Alger,* 1880. — Contes Arabes modernes recueillis et traduits, par Guillaume Spitta-Bey. *Paris, 1883.*

88. CONTES et Légendes populaires d'Écosse et d'Irlande. — Réunion de 8 vol. in-12 et in-8, fig. cart. perc. de diverses couleurs.

Traditional Tales of the English and Scotish peasantry, by A. Cunningham. *London,* 1874. — Transactions of the Gaelic Society of Inverness. Volume XII, 1885-86. — Popular rhymes of Scotland. Robert Chambers. *London,* 1870. — The popular Superstitions and festive amusements of the Higlanders of Scotland. *Edinburgh,* 1823. — Fairy, Legends and traditions of the South of Ireland. *London,* 1846. — Patrick Hennedy : The Banks of the Boro ; a Chronicle of the County of Wexford. *London,* 1867 ; The Fireside Stories of Ireland. *Dublin,* 1870 ; Legendary, Fictions of the Irish Celts. *London,* 1866.

89. — Contes et Nouvelles en vers par Voltaire, Vergier, Sénecé, Perrault, Moncrif, le P. Ducerceau, Grécourt, Saint-Lambert, Piron, Dorat, Champfort, La Monnoye et François de Neufchâteau. *Paris, Leclère,* 1862, 2 vol. in-12, portr. sur les titres et vign. par Duplessi-Bertaux, mar. gris, dos orné, fil. dent. int. tête dor. ébarbé. (*Perreau.*)

Exemplaire sur GRAND PAPIER.

90. — Contes, Nouvelles et Légendes d'Italie. — Réunion de 10 vol. in-12 et in-8, dont 5 br. et 5 reliés.

Italian popular Tales, by Thomas Frederick Crane. *London,* 1885. — Nouvelles choisies extraites du Pécorone de Ser Giovanni Fiorentino (XIVᵉ siècle), traduites en français par Marcel Lallemend. *Paris,* 1881. — Les Contes et facéties d'Arlotto de Florence, avec introduction et notes, par P. Ristelhuber. *Paris,* 1873. — The Pentamerone, or the story of stories, by Giambattista Basile, translated from the neapolitan by John Edward Taylor, with illustrations by George Cruikshank. *London,* 1850, fig. en couleur. — Fiabe, Novelle e racconti popolari Siciliani raccolti ed illustrati da Giuseppe Pitré. *Palermo,* 1875, 4 vol. — Cinq Nouvelles calabraises, par Biagio Miraglia ; traduction de l'italien par Alex. Du Bosch. *Paris,* 1860. — The Folk-lore of Rome, by R. H. Busk. *London,* 1874.

91. — Contes populaires allemands. — Réunion de 8 vol. in-12 et in-8, dont 2 br. et 6 cart. ou demi-rel. mar.

Deutsche Volksmärchen aus Siebenbürgen, von J. Haltrich. *Berlin,* 1856. — Kinder und Hausmärchen gesammelt durch die Brüder Grimm. *Berlin,* 1874. — German Fairy Tales and popular stories as told by Gammer Grethel. Translated from the collection of MM. Grimm, by. E. Taylor. *London,* 1863, fig. — Contes allemands du temps passé, extraits des Recueils des frères Grimm, Simrock, Hoffmann, etc., traduits par F. Frank et E. Alsleben. *Paris,* 1870, fig. — Contes choisis des frères Grimm, traduits de l'allemand par Frédéric Baudry et illustrés de 44 vignettes par Bertall. *Paris,* 1871. — Grimm's Household Tales, with the author's notes ; translated from the German and edited by Margaret Hunt. *London,* 1884, 2 vol. — G. A. Burger et les origines anglaises de la ballade littéraire en Allemagne, par G. Bonet Maury. *Paris,* 1889.

92. — Contes populaires de différents pays. — Réunion de 6 vol. in-12, nombr. fig. dont 1 br. et 5 reliés.

Contes populaires de différents pays, recueillis et traduits par Xavier Marmier. *Paris,* 1880. — Le Surnaturel dans les Contes populaires, par

Charles Ploix. *Paris*, 1891. — Tales and popular fictions, by Thomas Keightley. *London*, 1834. — Fairy Tales from all nations, by Anthony R. Montalba. *London*, 1849. — The Home Treasury of old Story books. *London*, 1859. — The Book of Were-wolves : being an account of a terrible superstition, by Sabine Baring-Gould. *London*, 1865.

93. CONTES et Proverbes de diverses provinces de France. — Réunion de 2 opuscules et 5 vol. in-12 et in-8, dont 4 br. et 3 cart. ou demi-rel. v. bleu et violet.

> Proverbes de la Franche-Comté, par le D' Perron. *Paris*, 1876. — Contes populaires recueillis dans la Grande-Lande, par F. Arnaudin. *Bordeaux*, 1887. — Paul Sébillot. La Mer et le rivage. *Paris*, 1886. — Lo Pia Ermonèk Loûrain, 1879, patouè et français pè Chan Heurlin. *Strasbourg*, 1879. — Henry de la Madelène. Contes contadins. *Paris*, 1874. — Les Dictons de Seine-et-Marne. colligés par A. Fourtier. *Provins*, 1872. — Recherches sur Gargantua en Poitou avant Rabelais, par M.-L. Desaivre. *Niort*, 1869.

94. COSQUIN (Emmanuel) : Contes populaires de Lorraine comparés avec les contes des autres provinces de France et des pays étrangers et précédés d'un essai sur l'origine et la propagation des contes populaires européens. *Paris, Vieweg, s. d.* (1886), 2 vol. gr. in-8, pap. vergé, demi-rel. v. r. dos orné, tête dor. non rog. — Contes populaires lorrains recueillis dans un village du Barrois à Montiers-sur-Saulx (Meuse). *Nogent-le-Rotrou*, 1876, gr. in-8, cart. dos de perc. grise. — Ens. 3 vol.

95. COSTUMES de tous les ouvrages dramatiques représentés avec succès sur les grands Théâtres de Paris (et Costumes de Bals, publiés par Vizentini). *Paris, Martinet (Lith. Engelmann), s. d.* (1820-1825) ; 82 pièces lithogr. par Aug. Garnerey (*dont 79 coloriées*). — Costumes de Théâtre ; 68 *dessins originaux*, à la plume ou au crayon, la plupart avec légendes et explications manuscrites. — Réunion de 150 pièces en un album in-4, cart. bradel perc. grise argentée.

96. — Costumes du XVIIIe siècle, tirés des Près-Saint-Gervais avec l'autorisation de MM. V. Sardou, Ph. Gille et Ch. Lecoq ; 20 eaux-fortes de A. Guillaumot fils, d'après les dessins de M. Draner, *Paris, Rouquette*, 1874, in-4, 20 pl. gr. et montées sur onglets, demi-rel. mar. vert avec coins, dos orné, fil. tête dor. non rog. *couverture.*

> Exemplaire avec les PLANCHES COLORIÉES.

97. — Costumes du Directoire, tirés des Merveilleuses, avec une lettre de M. Victorien Sardou, 30 eaux-fortes de A. Guillaumot fils, avec un portrait de M. V. Sardou... Dessins de MM. Eug. Lacoste et Draner. *Paris, Rouquette*, 1875, in-4, portr. et 30 pl. gr. et montées sur onglets, demi-rel. mar. vert avec coins, dos orné, fil. tête dor. non rog. *couverture.*

> Exemplaire avec les PLANCHES COLORIÉES.

98. Cox (George-W.). The Mythology of the Aryan nations. *London, Longmans*, 1870, 2 vol. in-8, cart. perc. violette, non rog.

99. Crébillon. Contes dialogués. Avec une Notice bio–bibliographique par Octave Uzanne. *Paris, Quantin*, 1879, in-8 carré, pap. vergé, portr. fig. et fac–similé front. gr. par Gaujean, entête et culs-de-lampe sur bois, demi-rel. mar. La Vall. avec coins, dos orné, fil. tête dor. non rog. *(Privitera.)*

Tiré à petit nombre.

100. Daudet (Alphonse). Les Amoureuses, poèmes et fantaisies, 1857-1861. Nouvelle édition. *Paris, Charpentier*, 1873. in-12, vélin blanc à recouvr. titre calligraphié sur le dos, tête dor. non rog.

Édition en partie originale.
Un des 50 exemplaires numérotés sur papier de Hollande (no 34).

101. — Fromont jeune et Risler aîné. Mœurs parisiennes. Notice littéraire par Gustave Geffroy. Douze compositions de Em. Bayard gravées à l'eau-forte par J. Massard. *Paris, Conquet*, 1885. 2 vol. in-8, fig. demi-rel. mar. brun avec coins, dos mosaïqué de mar. r. tête dor. non rog. *(Privitera.)*

Un des 150 exemplaires numérotés sur grand papier du Japon (n° 31), avec les eaux-fortes en *double état* : avec et avant la lettre.

102. Daumier (H.). Les Cent et un Robert-Macaire composés et dessinés par M. H. Daumier, sur les idées et les légendes de M. Th. Philipon, réduits et lithographiés par MM*** Texte par MM. Maurice Alhoy et Louis Huart. *Paris, Aubert*, 1839, 2 vol. in-4, texte encadré d'un double fil. noir et 101 pl. lithog. demi-rel. bas. violette, dos orné.

Quelques piqûres d'humidité.

103. Dayot (Armand). Les Maîtres de la Caricature française au XIXe siècle. 115 fac-similés de grandes caricatures en noir, 5 fac-similés de lithographies en couleurs. Notice de M. Armand Dayot, illustrée de vignettes originales. *Paris, Quantin*, *s. d.* (1888), in-4, fig. en noir et en couleur, vign. demi-rel. v. r. dos orné, tête dor. non rog. *couverture illustrée.*

Envoi autographe de l'auteur.

104. Demay (G.). Le Costume au Moyen âge d'après les sceaux. *Paris, Dumoulin et Cie*, 1880, gr. in-8, 2 pl. en couleurs, fig. et nombr. vign. demi-rel. mar. grenat avec coins, dos orné, fil. tête dor. ébarbé. *(Privitera.)*

105. Denon (Vivant). Point de lendemain (par Vivant Denon.) Conte, illustré de treize compositions de Paul Avril. *Paris,*

3

P. Rouquette, 1889, in-8, portr. et fig. br. *couverture illustrée.*

Un des 100 exemplaires numérotés sur PAPIER DU JAPON (n° 77), avec le *tirage à part* de toutes les illustrations.

106. DÉSAUGIERS. Chansons et Poésies. Edition elzévirienne. *Paris, Garnier*, 1842, in-12, portr. par Devéria et 8 fig. par Lécurieux, demi-rel. v. r. dos orné.

107. DES PERIERS (Bonaventure). Le Cymbalum Mundi. Texte de l'édition princeps de 1537, avec Notice, Commentaire et Index, par Félix Frank. *Paris, Lemerre*, 1873, in-12 de lxxvii-133 pp. pap. vergé, titre front. demi-rel. mar. brun avec coins, dos orné, fil. tête dor. ébarbé.

De la *Bibliothèque d'un curieux.*

108. DES PORTES (Philippe). Les OEuvres. Reveües, corrigées et de beaucoup augmentées outre les précédentes impressions. *Lyon, par Benoist Rigaud*, 1593, in-12, demi-rel mar. r. tr. dor.

109. DIAZ DEL CASTILLO (Bernal). Véridique histoire de la conquête de la Nouvelle-Espagne, traduite de l'espagnol avec une introduction et des notes, par José-Maria de Heredia. *Paris, Lemerre*, 1877-1879, 3 vol. in-12, demi-rel. v. r. dos orné, tête dor. non rog.

Tomes I à III.

110. DIDEROT. Le Neveu de Rameau. Satire, revue sur les textes originaux et annotée par Maurice Tourneux ; portrait et illustrations par F.-A. Milius. *Paris, Rouquette*, 1884, in-8, portr. pl. et vign. gr. à l'eau-forte, demi-rel. mar. vert. avec coins, dos orné, fil. tête dor. non rog. (*Privitera.*)

Exemplaire numéroté sur PAPIER VERGÉ (n° 211) avec les eaux-fortes en *deux états*, avec et AVANT LA LETTRE.

111. DOUBLET (Jean). Les Elégies, suivies des Epigrammes et rimes diverses. *Paris, Librairie des Bibliophiles*, 1871, in-16, pap. vergé, demi-rel. mar. bleu avec coins, dos orné, fil. tête dor. ébarbé. (*Perreau.*)

Du *Cabinet du Bibliophile.*

112. DU BOCCAGE (Mme). La Colombiade, ou la Foi portée au Nouveau Monde, poème. *Paris, Desaint et Saillant*, 1756, in-8, portr. fleuron sur le titre et 10 fig. non signés, v. ant. marb. dos orné, tr. r.

Légère mouillure.

113. EPIGRAMMES et Odes Anacréontiques. *Paris, Jouaust*, 1872, in-12 de 77 pp. v. r. dos orné, fil. et comp. à froid, dent. int. tête dor. ébarbé. (*Perreau.*)

114. ERASME. Eloge de la Folie, traduit par Victor Develay et
accompagné des dessins de Hans Holbein. *Paris, Librairie des
Bibliophiles*, 1872, gr. in-8, pap. de Hollande et nombr. fig.
gr. sur bois, demi-rel. mar. grenat avec coins, dos orné et
mosaïqué de maroquin citron, filets, tête dorée, ébarbé.
(*Perreau.*)

> Piqûres d'humidité.

115. ESTAMPES et figures diverses. — Réunion de 61 pièces,
anciennes et modernes, de divers formats.

> 1. — .BOILEAU. Suite de 6 figures in-4, gr. par Bernard Picart pour le
Lutrin, 1717.
> 2. — SAINT-AUBIN (Augustin de). Mes Gens, ou les Commissionnaires
ultramontains au service de qui veut les payer. *Paris, Bason, s. d.*, frontispice et 5 planches in-4, gr. par Tillard (n°° 1, 2, 4, 5 et 7).
> 3. — DAUMIER. Album des charges du jour. *Paris, Martinet, s. d.* in-4
obl. 30 lith. sous couverture illustrée.
> 4. — GAVARNI. Les Enfants terribles ; les Etudiants de Paris ; suite de
32 fig. gr. sur bois sur 8 ff. in-4 obl.
> 5. — LITHOGRAPHIES ; 11 pièces de divers formats.

116. EYMERY (Alexis). Dictionnaire des Girouettes, ou nos Con-
temporains peints d'après eux-mêmes ; ouvrage dans lequel
sont rapportés les discours, proclamations, chansons, extraits
d'ouvrages écrits sous les gouvernements qui ont eu lieu en
France depuis vingt-cinq ans... Par une société de girouettes
(par Alexis Eymery). Seconde édition revue, corrigée et considérablement augmentée ; ornée d'une gravure allégorique. —
Dictionnaire des Immobiles, par un homme qui jusqu'à pré-
sent n'a rien juré et n'ose jurer de rien (Adr.-J. Quentin Beu-
chot). — *Paris, Eymery*, 1815. — Ens. 2 ouvrages en 1 vol.
in-8, front. en *couleur*, cart. *non rog.*

117. EZOPISCHE Fabelen van Fedrus, geyryden Slaef des Keizers
Augustus. In Nederduitsch dicht vertaelt en met Aenmerkin-
gen verrykt door E. Van Hoogstraten. *T'Amsterdam, by
François Halma*, 1704, in-4, front. 110 fig. gr. sur cuivre,
culs-de-lampe et lettres ornées, vélin déboîté.

118. FABLES inédites des XII°, XIII° et XIV° siècles, et Fables de
La Fontaine rapprochées de celles de tous les auteurs qui
avoient, avant lui, traité les mêmes sujets, précédées d'une
notice sur les fabulistes, par A. C. M. Robert... ornées d'un
portrait de La Fontaine, de 90 gravures en taille-douce et de
4 fac-similés. *Paris, Cabin*, 1825. 2 vol. in-8, portr. gr. par
Cathelin d'après Rigaud, fig. gr. par Paul Legrand et fac-
similés, demi-rel. mar. r. avec coins, dos orné, fil. tête dor.
ébarbé.

> Ouvrage très recherché.

119. Fabliaux et Contes des Poètes François des XIe, XIIe, XIIIe, XIVe et XVe siècles, tirés des meilleurs auteurs ; publiés par Barbazan. Nouvelle édition, augmentée et revue sur les manuscrits de la Bibliothèque Impériale, par M. Méon. *Paris, Warée*, 1808, 4 vol. in-8, 4 fig. par E. H. Langlois, demi-rel. v. f. dos orné, tête dor. ébarbé.

120. — ou Contes, fables et romans du XIIe et du XIIIe siècle, traduits ou extraits par Legrand d'Aussy. Troisième édition considérablement augmentée. *Paris, Renouard*, 1829, 5 vol. in-8, 16 fig. (*sur 18*) par Moreau, demi-rel. mar. vert à long grain avec coins, dos orné, non rog. (*Cassassus.*)

121. — Recueil Général et complet des Fabliaux des XIIIe et XIVe siècles, imprimés ou inédits, publiés d'après les manuscrits, par MM. Anatole de Montaiglon et Gaston Raynaud. *Paris, Librairie des Bibliophiles*, 1872-1890, 6 vol. gr. in-8, demi-rel. v. f. dos orné, tête dor. non rog.

Un des 150 exemplaires numérotés sur GRAND PAPIER DE HOLLANDE (n° 59).

122. Farce (la) de Maître Pathelin, mise en trois actes, avec traduction en vers modernes vis-à-vis du XVe siècle, et précédée d'un prologue par Edouard Fournier, représentée pour la première fois à la Comédie-Française le 26 novembre 1872. *Paris, Librairie des Bibliophiles*, 1872, in-16, pap. de Hollande, front. gr. sur bois, demi-rel. mar. vert avec coins dos orné fil. tête dor. non rog. (*Perreau.*)

123. Fénelon. Aventures de Télémaque, suivies des Aventures d'Aristonoüs. Deux notices par M. Poujoulat. Quatorze gravures à l'eau-forte par V. Foulquier. *Tours, Mame*, 1873, gr. in-8, front. et vign. sur Chine, portr. et pl. hors texte demi-rel. mar. r. avec coins, dos orné et mosaïqué de mar. vert, fil. tête dor. non rog. (*Perreau.*)

Exemplaire numéroté sur GRAND PAPIER VERGÉ (n° 108), auquel on a ajouté la suite complète de 1 portrait et 24 figures de Moreau publiée par Renouard.

124. — Fables. Edition ornée de figures. *Paris, Billois*, 1809, in-18, titre front. et 7 fig. gr. v. ant. marb. dos orné, fil. tr. dor.

125. Ferry (Charles). Nécrologe des Spinaliens morts pour la défense de la patrie, 1789-1871 (par Ch. Ferry). *Nancy, Berger-Levrault et Cie*, 1875, in-4, cart.

Ouvrage imprimé en argent sur fond noir, avec encadrements de pages, illustré de gravures et culs-de-lampe, accompagné d'une planche hors texte représentant le monument élevé à Epinal le 22 avril 1875, à la mémoire des militaires vosgiens morts pendant la guerre de 1870-1871.

126. Fertiault (F.). Les Amoureux du Livre. Sonnets d'un bibliophile, fantaisies commandements du bibliophile, bibliophiliana, notes et anecdotes. Préface du bibliophile Jacob (Paul Lacroix). Seize eaux-fortes de Jules Chevrier. *Paris, Claudin,* 1877, 2 vol. in-8, front. fig. et vign. demi-rel. mar. bleu avec coins, dos orné, fil. tête dor. non rog. (*Privitera.*)

Exemplaire numéroté sur GRAND PAPIER VERGÉ TEINTÉ (n° 120). Un des 12 avec les eaux-fortes en *triple état* : avec la lettre en noir et AVANT LA LETTRE en noir et en bistre.

127. Flaubert (Gustave). Salammbô. Dix compositions par A. Poirson, gravées à l'eau-forte par Mme Louveau-Rouveyre, MM. L. Muller et G. Mercier. *Paris, Quantin, s. d.,* in-8, pl. gr. à l'eau-forte, demi-rel. v. f. dos orné à petits fers, tête dor. non rog. premier plat de la couverture conservé.

De la *Bibliothèque des Chefs-d'œuvre du roman contemporain.*

128. Fleur (La) lascive orientale. Contes libres inédits, traduits du mongol, de l'arabe, du japonais, de l'indien, du chinois, du persan, du malay, du tamoul. etc. *Oxford, imprimé par les presses de la Bibliomaniac Society, exclusivement pour les membres,* 1882, pet in-8, front. gr. demi-rel. v. f. dos orné, tête dor. non rog.

129. Florian. Estelle, pastorale. *Paris, Guillaume, an VII (1799),* in-18. front. par Monsiau et 6 jolies fig. par Quéverdo, v. ant. marb. dos orné, fil. tr. dor.

130. — Estelle. *Paris, Marcilly aîné, s. d.* in-32, front. et 6 fig. gr. sur bois, mar. citron, dos orné, fil. dent. int. tête dor. non rog. *couverture.* (*Privitera.*)

Jolie édition imprimée en caractères microscopiques.

131. Folk-lore Américain : Linguistique, traditions et contes populaires. — Réunion de 9 vol. in-12 et in-8, fig. dont 3 br. et 6 cart.

The Myths of the New World : A Treatise on the symbolism and mythology of the red race of America, by D. G. Brinton. *New York,* 1876. — Étude sur la langue créole de la Martinique, par J. Turiault. *Brest,* 1874-1876. — F.-J. de Santa-Anna Nery. Folk-lore Brésilien. *Paris,* 1889. — Hiawatha and other legends of the Wigwams of the red American Indians, by Cornelius Matthews. *London, s. d.* fig. — Legends of the Micmacs, by the Rev. Silas Tertius Rand. *New York,* 1894, portr. — Introduction à l'Histoire de Cayenne suivie d'un Recueil de Contes, fables et chansons en créole, avec traduction en regard, par Alfred de St Quentin. *Antibes,* 1872. — Tales and Traditions of the Eskimo, by Dr H. Kink, edited, by Dr Robert Brown. *London,* 1875, fig. — The Poor and the Land, by H. Rider Haggard. *London,* 1905, fig. — Tales of a Traveller, by Washington Irving. *London.* 1872.

132. FOLK-LORE Chinois : Contes et Nouvelles, proverbes et théâtre. — Réunion de 6 vol. in-12 et in-8, cart. ou demi-rel. v. bleu et r.

The Folk-lore of China, and its affinities with that of the Aryan and Semitic races, by N. B. Dennys. *London.* 1876. — Choix de Contes et Nouvelles, traduits du chinois, par Théodore Pavie. *Paris,* 1839. — Le Pi-pa-ki, ou l'Histoire du Luth, drame chinois de Kastong-Kia, traduit sur le texte original, par M. Bazin aîné. *Paris,* 1841. — Proverbes chinois, recueillis et mis en ordre par Paul Perny. *Paris,* 1869. — La Piété filiale en Chine, par P. Dabry de Thiersant. *Paris,* 1877, fig. — Théâtre chinois, ou Choix de pièces de théâtre composées sur les Empereurs Mongols, traduites sur le texte original, par M. Bazin aîné. *Paris,* 1838.

133. — Folk-lore français. — Réunion de 4 opuscules et 3 vol. in-16, in-12 et in-8, dont 5 br. et 2 en demi-rel. v. bleu et r.

Histoire légendaire des Francs et des Burgondes aux IIIe et IVe siècles, par E. Beauvois. *Paris,* 1867. — Devinettes ou, Enigmes populaires de la France par Eugène Rolland. *Paris,* 1877. — Légendes des plantes et des oiseaux, par Xavier Marmier. *Paris,* 1882. — Proverbes, Dictons et locutions diverses à propos de chats et de chiens, par M. A. J. B. *Noyon,* 1885. — Etc.

134. — Folk-lore Japonais. — Réunion de 3 vol. in-12, in-8 et in-4, nombr. fig. en noir et en couleur, cart. et demi-rel. v. vert, non rog.

La Civilisation japonaise. Conférences faites à l'Ecole spéciale des Langues Orientales, par Léon de Rosny. *Paris,* 1883. — Tales of Old Japan by A. B. Milford. *London,* 1874. — Okoma, roman japonais illustré par Félix Régamey d'après le texte de Takizava-Bakin et les dessins de Chiguenoï. *Paris,* 1883.

135. — Folk-lore Oriental. — Réunion de 1 opuscule, br. et 5 vol. in-12 et in-8, cart.

Edmond Thiaudière. Légendes boudhiques. *Paris,* 1875. — Légendes et traditions historiques de l'Archipel indien (Sedjarat Malayou), traduit du malais en français, par L. Marcel Devic. *Paris,* 1878. — Sentences, maximes et proverbes Mantchoux et Mongols, accompagnés d'une introduction française, par Louis Rochet. *Paris,* 1875. — Tibetan Tales derived from Indian sources, translated from the Kah-Gyur by F. Anton von Schiefner ; done into English from the German by W. R. S. Ralston. *London,* 1882. — Sagas from the far East ; or, Kalmouk and Mongolian traditionary Tales, by the author of « Patrañas ». *London,* 1883. — Abel Hovelacque. Instructions pour l'étude élémentaire de la linguistique Indo-Européenne. *Paris,* 1871.

136. — Etudes sur le Folk-lore de divers pays. — Travaux de MM. le Prince Roland Bonaparte, Max Buchon, A. Certeux, Clément Janin, Henri Cordier, Emm. Cosquin, Dr Desaivre, J. Durandeau, H. Gaidoz, Fr. Lenormant, A. Lumbroso, F.-M. Luzel, Eug. Marbeau, E. Morin, Fr. Ortoli, Gaston Paris, Léon Pineau, S. Prato, Rathery, Raoul Rosières, Paul Sébillot, Emile Souvestre, etc. — Réunion de 1 vol. et 79 brochures in-8 et in-4, *publiés de* 1835 *à* 1907.

137. (Ouvrages sur le FOLK-LORE). — Réunion de 6 vol. in-12 et in-8, dont 2 br. et 4 cart. ou demi-rel. v. f.

> Folk-lore, par le Comte de Puymaigre. *Paris*, 1885. — Comte de Charencey. Le Folklore dans les Deux Mondes. *Paris*, 1894. — La Chaine traditionnelle. Contes et légendes au point de vue mythique, par Hyacinthe Husson. *Paris*, 1874. — Curiosities of Indo-European Tradition and Folk-lore, by W.-H. Kelly. *London*, 1863. — A Handbook of Weather Folklore, by the Rev. C. Swainson. *London*, 1873. — Finger-Ring lore historical, legendary, anecdotal, by William Jones. *London*, 1877, fig.

138. — THE FOLK-LORE SOCIETY, for collecting and printing relics of popular antiquities, etc.; established in the year 1878. *London*, 1878-1893; 32 vol. in-8 (sauf 1 in-12); dont 5 en livraisons et 27 cart. perc. brune.

> The Folk-Lore record.; 5 tomes en 6 vol. — Folk-Lore of the Northern Counties of England, by W. Henderson. — Remains of gentilisme and judaisme, by John Aubrey. — Folk-Lore of the North-East of Scotland, by the Rev. W. Gregor. — Researches respecting the book of Sindibad, by Domenico Comparetti. — Folk-Lore Journal; 7 vol. (*Le tome I est incomplet du titre et de la table*).— Folk-Lore, a quarterly review of myth, tradition, institution et custom. (Incorporating the Archæological review and the Folk-Lore Journal); 3 vol. — Folk-Medicine, by W.-G. Black. — The Religious System of the Amazulu, by Callaway. — The Folk Lore and provincial names of British birds, by Charles Swainson. — The Folk-tales of the Magyars, by W.-H. Jones and Lewis-L. Kropf. — The Handbook of Folklore edited by G.-L. Gomme. — The Legend of the Holy Grail, by Alfred Nutt. — Waifs and Strays of celtic tradition. Argyllshire Series. N° II. Folk and Hero tales. Collected, edited and translated by D. Mac Innes and A. Nutt. — The Exempla of Jacques de Vitry, edited by Th.-F. Crane. — The Denham Tracts, edited by Dr J. Hardy. — Saxo Grammaticus translated by Oliver Elton. — Cinderella, by Marian Roalfe Cox. — The (second) International Folk-Lore Congress, 1891, edited by J. Jacobs and A. Nutt.

139. GARNEREY. Le Petit Sancho, suite de 24 proverbes mis en action et lithographiés par Garnerey. *Paris, Noël aîné, s. d. (vers 1820)*; 24 pl. pet. in-4, lithogr. à la plume et *coloriées*, sous couverture illustrée.

> Epreuves de la plus grande fraîcheur.

140. GARNIER (J.-M.). Histoire de l'Imagerie populaire et des cartes à jouer à Chartres, suivie de recherches sur le commerce du colportage des complaintes, canards et chansons des rues. *Chartres, Garnier, 1869*, in-8, nombr. fig. et musique notée, demi-rel. v. f. dos orné, fil. tête dor. ébarbé.

141 GAUTIER (Léon). La Chevalerie. *Paris, Palmé, 1884*, fort vol. gr. in-8, front. pl. hors texte et nombr. vign. demi-rel. mar. olive avec coins, dos orné et mosaïqué de mar. r. fil. tête dor. ébarbé. (*Privitera.*)

> EDITION ORIGINALE.

142. GAUTIER (Théophile). Œuvres humoristiques. Les Jeunes France. Sous la table. Onuphrius. Daniel Jovard. Celle-ci et celle-là. Wildmanstadius. Le Bol de punch. Une Larme du

diable. *Paris, Lecou*, 1851, in-12, front. (ajouté gr. par Féli-
cien Rops pour les Jeunes France), demi-rel. mar. r. avec
coins, tête dor. nòn rog.

PREMIÈRE ÉDITION de ce format.

143. GOETHE. Le Faust. Traduction revue et complète, précédée
d'un essai sur Goethe, par M. Henri Blaze. Edition illustrée
par M. Tony Johannot. *Paris, Dutertre et Michel Lévy frères,*
1847, gr. in-8, portr. et 9 fig. gr. à l'eau-forte, demi-rel. mar.
vert avec coins, dos orné, fil. tête dor. ébarbé.

Exemplaire du PREMIER TIRAGE, avec les figures sur CHINE.

144. GOMME (G.-L.) et H.-B. WHEATLEY. Chap-Books and Folk-
Lore tracts. *London*, 1885, 5 vol. in-8 carré, vélin, tête dor.
non rog.

The History of Thomas Hickathrift. — The History of the Seven Wise
Masters of Rome. — Mother Bunch's Closet Newly Broke Open. — The
History of Patient Grisel. — The History of sir Richard Whittington.

145. GRAND-CARTERET (John). Les Mœurs et la Caricature en
Allemagne, en Autriche, en Suisse. Avec préface de Champfleury. Ouvrage illustré de 4 planches en couleur, de 19 planches
hors texte, de 314 vignettes, de portraits et de titres de jour-
naux. Deuxième édition. *Paris, Westhausser,* 1885, gr. in-8,
nombr. pl. et vign. demi-rel. v. r. dos orné, tête dor. non rog.
couverture illustrée.

146. — Les Mœurs et la Caricature en France, 8 planches en
couleur, 36 planches hors texte, 500 illustrations dans le texte
(reproduction d'œuvres anciennes et œuvres originales des
artistes). *Paris, Librairie illustrée, s. d.* (1888). gr. in-8, pl. et
fig. en noir et en couleur, demi-rel. mar. vert, dos orné, tête
dor. non rog. *couverture illustrée. (Privitera.)*

Un des 40 exemplaires numérotés sur PAPIER DE CHINE (n° 31) avec une
double suite des planches et une LETTRE AUTOGRAPHE de l'auteur ajoutée.

147. — Les Mœurs et la Caricature en France, 8 planches en
couleur, 36 planches hors texte, 500 illustrations dans le texte
(reproduction d'œuvres anciennes et œuvres originales des artistes). *Paris, Librairie illustrée, s. d.* (1888), 1 tome en 3 vol.
gr. in-8, pl. et fig. en noir et en couleur, cart. non rog. *couverture illustrée.*

Exemplaire curieux et intéressant auquel on a ajouté *deux cent sept*
(207) *pièces anciennes et modernes*, dont cent quarante-huit (148) en couleur
relatives au sujet (Gravures, caricatures, lithographies, portraits-charge,
placards, etc.) par Debucourt, Henry Monnier, Ch. Vauthiers, H. Gérard
Fontalard, Pigal, Grandville, Forest, Arago, Traviès, Ch. Philipon,
J. G. Scheffer, Gavarni, E. de Beaumont, G. Doré, Bertall, Ch. Vernier,
André Gill, Cham, Riou, Marcelin, Randon, Grévin, Draner, Daumier,
Léonce Petit, Humbert, Moloch, Alfred Lepetit, Pilotell, Mathis, Stock,
Willette, Robida, etc., etc.

148 GRESSET. Ver-Vert, ou les Voyages du perroquet de la Visi-
tation de Nevers, poème héroïcomique en quatre chants. Nouvelle édition publiée par Georges d'Heyli. Eaux-fortes de
MM. Guillaumot père et fils. *Paris, Rouquette,* 1877, gr. in-8,
pap. vergé, portr. et vign. demi-rel. mar. vert avec coins, dos
orné, fil. tête dor. non rog.

149. GRIMM (Jacob). Teutonic Mythology. Translated from the
fourth edition, with notes and appendix by James Steven Stal-
lybrass. *London, W. Swan Sonnenschein,* 1880-1888, 4 vol.
in-8, cart. perc. brune et olive, non rog.

150. GUBERNATIS (Angelo de). La Mythologie des plantes, ou les
Légendes du règne végétal. *Paris, Reinwald,* 1878-1882, 2 vol.
in-8, cart. perc. violette, dos orné, non rog.

151. — Zoological Mythology, or the Legends of animals. *London, Trübner,* 1872, 2 vol. in-8, cart. perc. bleue, fers spéciaux, non rog.

152. GUERRE (la) de Metz en 1324, poème du XIVe siècle, publié
par E de Bouteiller, suivi d'études critiques sur le texte par
F. Bonnardot, et précédé d'une préface par Léon Gautier.
Paris, Firmin-Didot, 1875, gr. in-8, front. gr. demi-rel. v. f.
dos orné, fil. tête dor. non rog.
ENVOI AUTOGRAPHE de F. Bonnardot à M. Brueyre.

153. GUILLON (Charles). Chansons populaires de l'Ain. Préface
de Gabriel Vicaire. Illustrations de L. Barillot, Beauverie,
H. Bidauld... 12 gravures hors texte. *Paris, Monnier,* 1883, gr.
in-8, pl. et musique notée, demi-rel. v. gris, dos orné, tête dor.
non rog.

154. GWERZIOU BREIZ-IZEL. Chants populaires de la Basse-Bretagne, recueillis et traduits par F.-M. Luzel. *Lorient, Corfmat,*
1868-1874, 2 vol. in-8, demi-rel. v. f. dos orné, tête dor.
Tomes I et II contenant les poésies narratives et épiques connues dans
le pays sous le nom de *gwerziou.*

155. HALLIWELL (James-Orchard). A Dictionary of archaic and
provincial words, obsolete phrases, proverbs, and ancient customs, from the fourteenth century. Eighth edition. *London,
Russell Smith,* 1874, 2 vol. in-8 à 2 col. cart. perc. r. non
rog.

156. HARIVANSA, ou Histoire de la famille de Hari, ouvrage for-
mant un appendice du Mahabharata, et traduit sur l'original
sanscrit par M. A. Langlois. *Paris,* 1834-1835, 2 vol. in-4,
cart. perc. verte, non rog.

157. Hazlitt (W.-Carew). Remains of the early popular poetry of England ; collected and edited, with introductions and notes. *London, Russell Smith*, 1864-1866, 4 vol. in-12, cart. perc. verte, non rog.

158. Hennin (Michel). Histoire Numismatique de la Révolution française, ou Description raisonnée des médailles, monnaies et autres monumens numismatiques relatifs aux affaires de la France, depuis l'ouverture des Etats-Généraux jusqu'à l'établissement du gouvernement consulaire ; par M. H... (Michel Hennin). Avec planches. *Paris, Merlin*, 1826, 2 vol. in-4 dont 1 de texte et 1 de 95 pl. gr. demi-rel. chag. grenat, dos orné, tête peigne, ébarbé.

159. Histoire et Cronicque du Petit Jehan de Saintré et de la Jeune Dame des Belles Cousines, sans aultre nom nommer ; collationnée sur les manuscrits de la Bibliothèque Royale et sur les éditions du XVIᵉ siècle. *Paris, Firmin-Didot*, 1830, in-8, goth. fig. lettres ornées et fac-similés, demi-rel. chag. brun avec coins, dos orné, fil. tête dor. ébarbé.

160. Historial (l') du Jongleur. Chroniques et légendes françaises, publiées par MM. Ferdinand Langlé et Emile Morice ; ornées d'initiales, vignettes et fleurons imités des manuscrits originaux. Imprimé par Firmin Didot, imprimeur du Roi, pour Lami-Denozan. libraire. *Paris, Firmin-Didot*, 1829, in-8, goth. fac-similés et lettres ornées, cart. *non rog.*

Exemplaire avec les lettres ornées coloriées.

161. Hoffmann (E.-T.-A.). Contes fantastiques. Traduction nouvelle précédée d'une notice sur la vie et les ouvrages de l'auteur par Henry Egmont, ornée de vignettes d'après les dessins de Camille Rogier. *Paris, Perrotin*, 1840, 4 vol. in-8, texte encadré, 14 fig. (*sur 15*) dans des encadrements en bleu, demi-rel. v. f. dos orné, tête r. ébarbé. (*Perreau.*)

162. Homère. Iliade. — Odyssée. Hymnes. Epigrammes. Batrakhomyomakhie. Traduction nouvelle par Leconte de Lisle. *Paris, Lemerre*, 1867-1868, 2 vol. in-8, demi-rel. chag. brun avec coins, dos orné, fil. tête dor. ébarbé. (*Perreau.*)

163. Horace. OEuvres. Traduction nouvelle par Leconte de Lisle, avec le texte latin. *Paris, Lemerre*, 1873, 2 vol. in-12, front. gr. à l'eau-forte, mar. vert, dos orné, fil. dent. int. tête dor. non rog. (*Perreau.*)

De la *Petite Bibliothèque littéraire*.
Un des 100 exemplaires numérotés sur papier Whatman (nᵒ 56), avec le frontispice avant la lettre en *double état* : en noir sur Chine et en sanguine.

164. IMBERT. Le Jugement de Paris, poëme en IV chants. suivi d'œuvres mêlées. Nouvelle édition, corrigée et augmentée. *Amsterdam (Paris)*, 1774, in-8, titre-front. gr. 4 fig. et 4 vign. par Moreau, v. f. ant. dos orné, fil. tr. r.

Cachet sur le titre.

165. JORET (Charles). La Rose dans l'Antiquité et au Moyen âge. Histoire, légendes et symbolisme. *Paris, Bouillon,* 1892, in-8, br.

166. JOURDAIN (Am.). La Perse, ou Tableau de l'histoire, du gouvernement, de la religion, de la littérature, etc., de cet empire ; des mœurs et coutumes de ses habitans. Ouvrage orné de gravures, faites d'après des peintures persanes. *Paris, Ferra.* 1814, 5 vol. in-18, front. et 32 pl. gr. v. ant. rac. dos orné, fil.

167. JULLIEN (Adolphe). Histoire du Costume au Théâtre, depuis les origines du Théâtre en France jusqu'à nos jours. Ouvrage orné de vingt-sept gravures et dessins originaux tirés des Archives de l'Opéra et reproduits en fac-similé. *Paris, Charpentier,* 1880, gr. in-8, front. et pl. en noir et en couleur, vélin blanc, titre calligraphié en rouge et noir sur le premier plat de la reliure, tête dor. ébarbé.

Un des 15 exemplaires numérotés sur PAPIER DE CHINE (n° 2).

168. KÁTHA SÁRIT SÁGARA (The) or Ocean of the streams of story translated from the original sanskrit by C. H. Tawney. *Calcutta, printed by J. W. Thomas,* 1880-1884, 2 vol. gr. in-8, demi-rel. v. f. dos orné, tête dor. non rog.

169. ΚΡΥΠΤΑΔΙΑ (Kruptadia). Recueil de Documents pour servir à l'étude des traditions populaires. *Heilbronn, Henninger, frères et Paris, Welter,* 1883-1899, 6 vol. in-12, pl. demi-rel. mar. vert avec coins, dos orné, fil. tête dor. non rog. *(Privitera.)*

Ouvrage dont les tomes I à IV ne sont tirés qu'à 135 et 200 exemplaires numérotés (n° 3) ; les tomes V et VI ne sont pas numérotés.

170. LACROIX (Paul) : MOYEN AGE ET RENAISSANCE : Les Arts ; Sciences et Lettres ; Vie militaire et religieuse ; Mœurs, usages et costumes. — XVIIᵉ siècle : Lettres, Sciences et Arts ; Institutions, usages et costumes. — XVIIIᵉ siècle : Lettres, Sciences et Arts ; Institutions, usages et costumes. — Directoire, Consulat et Empire. *Paris, Firmin Didot,* 1871-1884. — Ens. 9 vol. in-4, fig. et nombr. pl. en chromolithog. demi-rel. mar. La Vall. avec coins, dos orné et mosaïqué de mar. r. fil. tête dor. ébarbé. *(Perreau.)*

Collection complète.

171. Lacombe (Paul). Bibliographie Parisienne. Tableaux de mœurs (1600-1880) ; avec une préface par M. Jules Cousin., *Paris, Rouquette,* 1887, gr in-8 à 2 col. pap. vélin, demi-rel. v. r. dos orné, tête dor. ébarbé.

172. La Fontaine. Contes et Nouvelles. Nouvelle édition revue et corrigée d'après les manuscrits et les éditions originales avec toutes les variantes et plusieurs Contes inédits, accompagnée de notes et précédée de l'histoire de la vie et des ouvrages de La Fontaine par Mathieu Marais. *Paris, A. Delahays,* 1858, in-16, portr. gr. d'après Rigault, titre-front. (portr. de La Fontaine dans un médaillon) 1 fig. mar. r. fleurons sur le dos et aux angles des plats, dent. int. tr. dor. (*Belz Niedrée.*)

De la *Bibliothèque Gauloise.*

173. — Contes et Nouvelles en vers. *Lyon, Scheuring,* 1874-1875, 2 vol. in-8. portr. 2 front. 2 fig. vign. et culs-de lampe gr. mar. bleu. dos orné, fil. large dent. int. tête dor. non rog.

Un des rares exemplaires numérotés sur GRAND PAPIER (n° 8).

174. — Contes et Nouvelles en vers, ornés d'estampes d'Honoré Fragonard, Monnet, Touzé et Milius, gravées d'après les dessins originaux par Le Rat, Milius, Mongin et R. de Los Rios. Edition revue et précédée d'une Notice par Anatole de Montaiglon. *Paris. Rouquette,* 1883, 2 vol. gr. in-8, titre front. 2 portr. fig. en tête et culs-de-lampe. demi-rel. mar. vert avec coins, dos orné, fil. tête peigne, non rog. *couvertures.* (*Privitera.*)

Exemplaire numéroté sur PAPIER VERGÉ FRANÇAIS (n° 250) avec les eaux-fortes en *double état* : avec et AVANT LA LETTRE.

175. — Fables choisies, mises en vers. Nouvelle édition, gravée en taille-douce, les figures par le Sr Fessard, le texte par le Sr Montulay. *Paris, chez l'auteur,* 1765-1775. 6 vol. in-8, titres, front. texte, fig. vign. et culs-de-lampe gr. mar. brun, dos orné, fil. dent. int. tr. dor. (*Smers.*)

176. Lamartine (A. de). Graziella, avec une préface par L. de Ronchaud. Dessins de Bramtot, gravés par Champollion. *Paris Librairie des Bibliophiles,* 1886, in-8, fig. demi-rel. mar. olive, dos orné, fil. tête dor. non rog. (*Privitera.*)

De la *Bibliothèque artistique moderne.*

177. Langue française (Ouvrages sur la). — Réunion de 4 vol. in-12, in-8 et in-4, cart. non rog.

Chrestomathie de l'ancien français (VIIIe-XVe siècles) accompagnée d'une grammaire et d'un glossaire, par Karl Bartsch. Deuxième édition, augmentée. *Leipzig,* 1872. — Histoire des Origines de la langue française,

par M. A. Granier de Cassagnac. *Paris*, 1972. — Grammaire historique de
la langue française, par Auguste Brachet. Neuvième édition. *Paris, s. d.*
— La Linguistique, par Abel Hovelacque. *Paris*, 1876.

178. LA VILLEMARQUÉ (le vicomte Hersart de). Les Romans de
la Table ronde et les Contes des anciens Bretons. Nouvelle
édition. *Paris, Didier*, 1861, gr. in-8, demi-rel. v. f. dos orné,
tête dor, non rog.

179. LECŒUR (Jules). Esquisses du Bocage normand. Précis historique, races, mœurs et coutumes, patois, proverbes et dictons, etc. ; agriculture, commerce et industries : logements,
nourriture, costumes, traditions, légendes religieuses ; monuments mégalithiques, etc., légende de la Reine Mathilde. *Condé-
sur-Noireau*, 1883-1887, 2 vol. in-8, front. et fig. br.

180. LÉGENDES et Chants populaires de l'Océanie. — Réunion
de 3 vol. in-8, fig. cart. et demi-rel. v. brun, dos orné, non
rog.

> Myths and Songs from the South Pacific, by the Rev. W. W. Gill,
> with a preface by Max Müller. *London,* 1876. — Louis de Backer. Bida-
> sari, poème malais. précédé des Traditions poétiques de l'Orient et de
> l'Occident. *Paris*, 1875. — Polynesian Mythology, and ancient traditional
> history of the New Zealand race, by Sir George Grey. *London*, 1855.

181. — Légendes et Contes populaires Scandinaves. — Réunion
de 9 vol. in-12 et in-8, cart. ou demi-rel. v.

> Chants populaires du Nord : Islande, Danemark, Suède, Norvège... tra-
> duits en français, par X. Marmier. *Paris*, 1842. -- Le Kalevala. Epopée
> nationale de la Finlande et des peuples finnois, traduit et annoté, par
> L. Léouzon Le Duc. I. L'Epopée. *Paris*, 1867. — Les Eddas, traduites de
> l'ancien idiome scandinave, par Mⁱˡᵉ R. Du Puget. *Paris, s. d.* — Des Nibe-
> lungen, Saga mérovingienne de la Néerlande, par Louis de Baecker. *Paris,*
> 1853. — Old Norse Fairy Tales, gathered from the Swedish folk, by
> G. Stephens and II. Cavallius. *London, s. d.* fig. — Popular Tales from
> the Norse, by G. Webbe Dasent. *Edinburgh*, 1859. — Yule-Tide stories. A
> Collection of Scandinavian and North German popular Tales and Tradi-
> tions, from the Swedish, Danish and German ; edited by B. Thorpe. *Lon-
> don*, 1853. —Asgard and the Gods. Tales and Traditions of our Northern
> Ancestors... adapted from the Work of Dʳ W. Wagner, by M. W. Mac-
> dowall. *London*, 1880. fig. — The Storie of Gisli the Outlaw from the Ice-
> landie by G. Webbe Dasent. *Edinburgh*, 1866, carte en couleur et fig.

182. LENORMANT (François) : Les Origines de l'Histoire d'après la
Bible et les traditions des peuples orientaux. De la Création de
l'homme au Déluge. — Les Premières Civilisations ; 2 vol. —
La Magie chez les Chaldéens et les origines accadiennes. — La
Divination et la science des présages chez les Chaldéens. —
Paris, Maisonneuve, 1874-1880. — Ens. 6 vol. in-12 et in-8,
cart. dos de perc. ou demi-rel. v. r. non rog.

183. LÉVÊQUE (Eugène). Les Mythes et les Légendes de l'Inde et
la Perse, dans Aristophane, Platon, Aristote, Virgile, Ovide,
Tite Live, Dante, Boccace, Arioste, Rabelais, Perrault, La

Fontaine. *Paris, Belin*, 1880, gr. in-8, demi-rel. v. f. dos orné,
tête dor.

184. LIREUX (Aug.). Assemblée nationale comique. Illustré par
Cham. *Paris, Michel Lévy frères*, 1850, gr. in-8, 50 pl. et
nombr. fig. et vign. gr. sur bois, demi-rel. mar. r. avec coins,
tête dor. ébarbé. (*Smeers.*)

PREMIER TIRAGE.
Le feuillet contenant la table pour le placement des gravures
manque.

185. LITTÉRATURE populaire de la Bretagne. — Réunion de
2 opuscules et 6 vol. in-12 et in-8, dont 4 br. et 4 cart. ou
demi-rel. v. vert et f.

Sainte Tryphine et le Roi Arthur, Mystère breton en deux journées et
huit actes, traduit, publié et précédé d'une introduction, par F.-M.
Luzel. *Quimperlé*. 1863. — Barzaz Breiz. Chants populaires de la Bretagne, recueillis, traduits et annotés par le vicomte Hersart de La Villemarqué. *Paris*, 1867. — Les Veillées de l'Armor. Récits populaires bretons, par E. Du Laurens de La Barre. *Vannes*, 1857. — Le Foyer breton.
Contes et récits populaires, par Emile Souvestre. *Paris*, 1861, 2 tomes
en 1 vol. — Proverbes et Dictons populaires de la Basse-Bretagne, recueillis et traduits, par L.-F. Sauvé. *Paris*, 1878. — Lucien Decombe.
Chansons populaires recueillies dans le département d'Ile-et-Vilaine.
Eau-forte par Ad. Leofanti. *Rennes*, 1884. — De l'Authenticité des
chants du Barzaz-Breiz de M. de La Villemarqué, par F.-M. Luzel. *Paris*,
1872. — L'Argot des nomades en Basse-Bretagne, par M. Quellien.
Paris, 1886.

186. — Littérature Sanscrite. — Réunion de 7 vol. in-12 et in-8,
dont 1 br. et 6 cart. ou demi-rel. v. f. et r.

Méthode pour étudier la langue sanscrite, par Em. Burnouf et L. Leu-
pol. *Paris*, 1861. — De l'Affinité des langues celtiques avec le sanscrit,
par Ad. Pictet. *Paris*, 1837. — Le Mahabharata. Onze épisodes tirés de ce
poëme épique, traduits du sanscrit en français par Ph. Ed. Foucaux.
Paris, 1862. — Etude sur la géographie et les populations primitives du
Nord-Ouest de l'Inde d'après les hymnes védiques, par M. Vivien de
Saint-Martin. *Paris*, 1860. — La Religion védique d'après les hymnes du
Rig-Veda, par Abel Bergaigne. Tome premier. *Paris*, 1878. — Vikramor-
vaci. Ourvaci donnée pour prix de l'héroïsme, drame en cinq actes de
Kalidasa, traduit du sanscrit, par Ph. Ed. Foucaux, *Paris*, 1879. — Bai-
tal Pachisi oder die fünfundzwanzig Erzählungen eines Dämon. In
deutscher bearbeitung mit einleitung, Anmerkungen und Nachweisen
von Hermann Oesterley. *Leipzig*, 1873.

187. LITTÉRATURES (les) POPULAIRES DE TOUTES LES NATIONS.
Traditions, légendes, contes, chansons, proverbes, devinettes,
superstitions. *Paris. Maisonneuve*, 1881-1889. 27 vol. in-12,
pap. vergé, cart. perc. r. dos orné.

C. Baissac. Le Folk-Lore de l'Ile Maurice. — J.-F. Bladé. Contes et poésies populaires de la Gascogne ; 6 vol. — H. Carnoy. Littérature orale de
la Picardie. — H. Carnoy et J. Nicolaïdes. Traditions populaires de l'Asie-
Mineure. — J. Fleury. Littérature orale de la Basse-Normandie. —
Ed. Lancereau. Hitopadésa. — G. Maspéro. Contes populaires de l'Egypte
ancienne. — F.-M. Luzel : Contes populaires de Basse-Bretagne, 3 vol. ;
Légendes chrétiennes de la Basse-Bretagne ; 2 vol. — E. Petitot. Traditions indiennes du Canada Nord-Ouest. — F. Ortoli. Contes populaires de

l'Ile de Corse. — L.-F. Sauvé. Le Folk-Lore des Hautes-Vosges. — P. Sébillot : Littérature orale de la Haute-Bretagne ; Traditions et superstitions de la Haute-Bretagne; 2 vol. ; Coutumes populaires de la Haute-Bretagne. — J. Vinson, Le Folk-Lore du pays Basque. — J.-B. Weckerlin. Contes populaires de l'Alsace ; 2 vol.

188. LIVRE (Le) des Ballades. Soixante Ballades choisies (précédées d'une Histoire de la ballade par Ch. Asselineau). *Paris, Lemerre,* 1876, in-8, pap. vergé, texte encadré d'un fil. r. mar. r. dos orné, fil. large dent. à petits fers sur les plats et dent. int. tête dor. ébarbé. (*Privitera.*)

189. — Livre d'Eglise, ou Nouveau Paroissien à l'usage du diocèse de Coutances... imprimé par l'ordre de Monseigneur l'Evêque. *Coutances, Joubert,* 1786, in-12, mar. r. dos orné, dent. tr. dor. (*Rel. anc. remboîtée.*)

190. LONGUS. Daphnis et Chloé, traduction d'Amyot. Compositions d'Emile Lévy gravées à l'eau-forte par Flameng. Dessins de Giacomelli gravés sur bois par Rouget et Sargent. *Paris, Librairie des Bibliophiles,* 1872, in-16, texte encadré d'un fil. r. vign. et culs-de-lampe gr. mar. r. fil. emblèmes champêtres en argent incrustés au milieu du premier plat de la reliure, dent. int. tête dor. non rog. étui.

De la *Collection-Bijou.*
Un des 50 exemplaires numérotés sur PAPIER DE CHINE (n° 15).

191. LORRIS (Guillaume de) et Jean de MEUNG. Le Roman de la Rose. Nouvelle édition revue et corrigée par Francisque-Michel. *Paris, Firmin-Didot,* 1864, 2 vol. in-12, demi-rel. v. f. avec coins, dos orné, fil. tête dor. ébarbé.

192. MABINOGION (The), from the Llyfr Coch o Hergest, and other ancient welsh manuscripts : with an english translation and notes, by lady Charlotte Guest. *London, Longman,* 1838-1849, 7 parties en 3 vol. gr. in-8, nombr. fac-similés, et vign. gr. demi-rel. mar. r. avec coins, dos orné. fil. tête dor. ébarbé. (*Llandovery.*)

193. MAGNY (Olivier de). Les Odes. *Lyon, Scheuring,* 1876, pet. in-8, pap. vergé, texte encadré d'un fil. r. demi-rel. v. f. dos orné, fil. tête dor. non rog. (*Privitera.*)

194. MALO (Charles). Hommage aux Dames (par Ch. Malo). *Paris, Louis Janet, s. d.* (1823), in-18. titre-front. et 6 fig. gr. cart. couvert de satin blanc, dos orné, dent. tr. dor. — Almanach de la Bonne Compagnie, ou Anecdotes tirées des éditions originales de Racine, Madame de Caylus, Hamilton, Madame de Sévigné, La Fontaine, Molière, etc. *Paris, Lefuel, s. d.* in-32, front. gr. et 12 jolies vign. en médaillon en tête de 6 ff.

de pap. blanc à la fin du vol. cart. couvert de satin bleu, dos
orné, dent. tr. dor. — Ens. 2 vol. avec étuis.

195. MAINDRON (Ernest). Les Affiches illustrées. Ouvrage orné
de 20 chromolithographies par Jules Chéret et de nombreuses
reproductions en noir et en couleur d'après les documents originaux. *Paris, Launette et Cie*, 1886, in-4, pl. et fig. demi-rel.
mar. r. dos orné, fil. tête dor. non rog. *couverture illustrée.*
Exemplaire n° 127, sur papier vélin.

196. MANAVA-DHARMA-SASTRA. Lois de Manou, comprenant les
institutions religieuses et civiles des Indiens ; traduites du
sanscrit et accompagnées de notes explicatives. par A. Loiseleur Deslongchamps. *Paris, Levrault et Crapelet*, 1830-1833,
2 vol. in-8, texte sanscrit et traduction française, demi-rel.
v. vert avec coins, dos orné, fil. tête dor. non rog.
Piqûres d'humidité.

197. MANESS VON MANECK (Rüdger). Minnessänher aus der Zeit
der Hohenstaufen, im vierzehnten jahrhundert. Fac-simile der
Pariser Handschrift von Bernard Karl Mathieu. *Paris, (Plon)*,
1850, in-fol. titre-front. 9 pl. lithog. et fac-similés montés sur
onglets, cart. perc. blanche, non rog.

198. MANNE (E.-D. de) et C. MENETRIER. Galerie historique de
la Comédie Française, depuis le commencement du siècle
jusqu'à l'année 1853. Ornée de portraits gravés à l'eau-forte
par M. Fugère. — Galerie historique des Acteurs français,
mimes et paradistes qui se sont rendus célèbres dans les
annales des scènes secondaires depuis 1760 jusqu'à nos jours
(par les mêmes). Ornée de portrait gravés à l'eau-forte, par
J.-M. Fugère. — Galerie historique des Comédiens françois
de la troupe de Voltaire, gravés à l'eau-forte, sur des documents authentiques par Henri Lefort, avec des détails biogra-
phiques inédits, recueillis sur chacun d'eux par E.-D. De
Manne. Nouvelle édition corrigée et augmentée. — *Lyon Scheuring*, 1876-1877. — Ens. 3 vol. in-8, pap. vergé teinté, portr.
gr. à l'eau-forte, demi-rel. v. f. dos orné, fil. tête dor. non
rog. (*Privitera.*)

199. MANUEL (Juan). Le Comte Lucanor. Apologues et fabliaux
du XIVe siècle, traduits pour la première fois de l'espagnol et
précédés d'une notice sur la vie et les œuvres de don Juan
Manuel, ainsi que d'une dissertation sur l'introduction de
l'apologue d'Orient en Occident, par M. Adolphe de Puibusque.
Paris, Amyot, 1854, in-8, demi-rel. chag. brun, tête dor.
ENVOI AUTOGRAPHE du traducteur.

200. Marguerite de Navarre. Les Marguerites de la Marguerite
des Princesses. Texte de l'édition de 1547, publié avec introduction, notes et glossaire, par Félix Franck et accompagné de
la reproduction des gravures sur bois de l'original et d'un
portrait de Marguerite de Navarre. *Paris, Librairie des Bibliophiles*, 1873, 4 vol. in-16, pap. vergé, portr. et vign. gr. demi-
rel. mar. vert avec coins, dos orné, fil. tête dor. ébarbé.

Du *Cabinet du Bibliophile*.

201. — Les Sept Journées, suivies de la huitième (Edition de
Claude Gruget, 1559). Notice et notes par Paul Lacroix, index
et glossaire. Planches à l'eau-forte par Flameng. *Paris, Librairie des Bibliophiles*, 1872, 4 vol. in-16, pap. vergé, portr. et
8 eaux-fortes, mar. bleu à long grain, dos et angles fleurde-
lisés, fil. armoiries sur les plats, tête dor. ébarbé. (*Perreau.*)

De la *Petite Bibliothèque artistique*.
On a ajouté la suite de 1 frontispice par Dunker et 73 figures par Freu-
denberg, en tirage moderne.

202. Marius-Michel. La Reliure française, depuis l'invention de l'imprimerie jusqu'à la fin du XVIIIe siècle. *Paris, Morgand et Fatout*, 1880, gr. in-8, front. gr. à l'eau-
forte par Ed. Hédouin et 22 pl. hors texte en héliogravure, fig.
et vign. demi-rel. mar. vert avec coins, dos orné, fil. tête dor.
non rog. (*Privitera*)

203. Marot (Clément). Œuvres. *Lyon, Scheuring*, 1869-1870,
2 vol. in-8, portr. gr. texte encadré d'un fil. r. v. f. dos orné,
fil. et comp. tête dor. non rog. (*Perreau.*)

Un des 150 exemplaires numérotés sur papier teinté (n° 146).

204. Martial (Valère). Epigrammes latines et françoises ; nouvelle traduction (par Denis Volland). *A Paphos, de l'Imprimerie du Dieu des amours, s. d. (Paris, Volland, 1807)*, 3 vol.
in 8, v. f. dos orné et plats mosaïqués de mar. vert et r. tr.
dor. (*Rel. de l'époque.*)

205. Maury (Alfred). Histoire des Religions de la Grèce antique,
depuis leur origine jusqu'à leur complète constitution. *Paris,
Ladrange*, 1857-1859, 3 vol. in-8, demi-rel. v. bleu, dos orné,
tête dor. ébarbé.

206. Maze-Sencier (Alph.). Le Livre des Collectionneurs. Les
Ebénistes, les Ciseleurs-bronziers, les Tabatières, la Dinande-
rie, l'Horlogerie, la Céramique, les Peintres en miniature, les
Sculpteurs en ivoire, les Terres cuites, les Modeleurs en cire,
etc., etc. *Paris, Renouard*, 1885, in-8, fig. demi-rel. v. r. dos
orné, fil. tête dor. ébarbé. (*Privitera.*)

207. Mélusine. Recueil de mythologie, littérature populaire, traditions et usages, publié par MM. H. Gaidoz et E. Rolland. *Paris. Viaut*, 1878-1897, 8 tomes en 5 vol. in-4, pl. en noir et en couleur et fig. demi-rel. mar. bleu, dos orné, tête dor. non rog.

Tomes I à VIII.

208. Menus et Programmes de soirées du Cercle Artistique et Littéraire de la rue Volney, de 1880 à 1905. — Réunion de 108 pièces de divers formats, gr. lithogr. en phototypie ou en héliogr., toutes illustrées par des membres du Cercle : Chabas, Dambeza, Fournier, Gallais, Joncière, Léandre, Lourdey. L.-O. Merson, Fr. Régamey, Saintpierre, etc., etc.

209. Meyrac (Albert). Traditions, coutumes, légendes et contes des Ardennes, comparés avec les traditions et contes de divers pays. Préface par M. P. Sébillot. *Charleville*, 1890, gr. in-8, musique notée (sans le front.), demi-rel. v. f. dos orné, tête dor. non rog.

210. Mille (Les) et un jours. Contes persans, turcs et chinois, traduits par Petit de La Croix, Cardonne, Caylus, etc., augmentés de nouveaux contes traduits de l'arabe par M. Sainte-Croix Ajpot (*sic* pour Pajot). Edition illustrée. *Paris, Pourrat, frères, s. d.* (1848), gr. in-8, nombr. fig. gr. sur bois, demi-rel. chag. r. dos orné, ébarbé.

211. Mille (les) et une Nuits. Contes arabes (traduits par Galland) ; réimprimés sur l'édition originale, avec une préface de Jules Janin ; 21 eaux-fortes par Ad. Lalauze. *Paris, Libr. des Bibliophiles*, 1881, 10 tomes en 5 vol. in-16, pap. de Hollande, eaux-fortes, demi-rel. mar. bleu, dos orné et mosaïqué de mar. r. tête dor. non rog.

De la *Petite Bibliothèque artistique*.

212. Milton. Le Paradis perdu, poème. Edition en anglais et en français (traduction de Dupré de Saint-Maur), ornée de douze estampes imprimées en couleur d'après le tableau de M. Schall. *Paris, Defer de Maisonneuve*, 1792, 2 vol. gr. in-4, 12 pl. gr. *en couleur* par Clément, Colibert, Démonchy et Gauthier d'après Schall, v. ant. marb. dos orné, fil. tr. dor.

Exemplaire sur GRAND PAPIER, avec les planches AVANT LA LETTRE.
Légère mouillure au tome I ; petite cassure n'enlevant pas de texte à la marge extérieure du feuillet 373 du même tome.

213. Mistral (Frédéric). Mireille. Poème provençal. Traduction française de l'auteur, accompagnée du texte original ; avec 25 eaux-fortes dessinées et gravées par Eugène Burnand, et

53 dessins du même artiste. *Paris, Hachette*, 1884, gr. in-4,
pap. vélin, texte encadré d'un fil, r. portr. pl. et vign, demi-
rel. mar. r. avec coins, dos orné et mosaïqué de mar. vert,
fil. tête dor. non rog. premier plat de la *couverture* conservé.
(*Privitera.*)

214. Molière. Théâtre, collationné minutieusement sur les premières éditions et sur celles des années 1666, 1674 et 1682,
orné de vignettes gravées à l'eau-forte d'après les compositions
de différents artistes par Frédéric Hillemacher. *Lyon, Nicolas
Scheuring*, 1864-1870, 8 vol. in-8, pap. vergé teinté, portr. et
vign. gr. demi rel. mar. r. avec coins, dos orné, fil. tête dor.
ébarbé. (*Perreau.*)

> Tiré à 400 exemplaires.
> On a ajouté : Galerie historique des portraits des comédiens de la
> Troupe de Molière gravés à l'eau-forte.:: par Frédéric Hillemacher, avec
> des détails biographiques succincts, relatifs à chacun d'eux. *Lyon, Scheu-
> ring*, 1869, in-8, pap. vergé teinté, 33 portr. gr. demi-rel. mar. r. avec
> coins, dos orné, fil. tête dor. non rog. (*Perreau.*)

215. — Suite de 1 portrait d'après Mignard gravé par Cathelin et 33 figures par Moreau, gravés par Baquoy, de Launay
de Ghendt, Lebas, Masquelier, Née... pour les *Œuvres*, publiée
par *Leclère (Impr. de Dien)*, 1863. — Suite de 1 portrait non
signé et 30 figures par Moreau le jeune gravées par Boscq,
Ribault, Roger, Croutelle, de Villiers, Villerey, Simonnet...
pour les *Œuvres*, publiée par *Renouard, s. d.* — Ens. 2 suites
en 1 vol. gr. in-8, 2 portr. et 63 fig. montés sur onglets, demi-
rel. chag. r.

216. Monteiro (Mariana). Legends and popular tales of the
Basque people, with illustrations in photogravure by Harold
Copping. *London, Unwin*, 1887, in-4, pap. vergé. front. et
3 pl. en photogravure sur Chine, cart. non rog.

217. Montesquieu. Considérations sur les causes de la grandeur
des Romains et de leur décadence, publiées avec une notice
et des notes par G. Franceschi. *Paris, Librairie des Bibliophiles*, 1876, in-8, portr. gr. demi-rel. mar. orange, dos orné,
tête dor. non rog. (*Privitera.*)

> De la *Nouvelle Bibliothèque classique*.
> Un des 170 exemplaires numérotés sur grand papier de Hollande
> (n° 109).

218. — Lettres Persanes. Edition Louis Lacour. *Paris, Académie des Bibliophiles*, 1869, in-8, mar. bleu à long grain, dos
orné et mosaïqué de mar. r. fil. et comp. dent. int. tr. peigne.
(*Perreau*).

> De la *Collection des classiques français*.
> Exemplaire n° 135, sur papier vergé.

219. MONTESQUIEU. Le Temple de Gnide, suivi d'Arsace et Isménie. *Paris, Didot l'aîné, an IV* (1796), in-18, portr. en médaillon sur le titre et 12 fig. par Regnault et Le Barbier, v. vert, dos orné, dent. milieu et rosaces à froid, tr. marb.

> Jolie édition très recherchée.

220. MONVAL (Georges). Les Collections de la Comédie-Française. Catalogue historique et raisonné. Préface de Jules Claretie. *Paris, Société de propagation des Livres d'art*, 1897, gr. in-8, front. 29 portr. ou pl. et fac-similé, br.

221. MULLER (Max). Chips from a german woork-shop. Seconde édition. *London, Longmans*, 1868-1875, 4 vol. in-8, cart. perc. verte, non rog.

222. — Lectures on the science of language, delivered at the Royal Institution of Great Britain in april, may et june, 1861, and february, march, april, may, 1863. *London, Longman*, 1862-1864, 2 vol. in-8, cart. perc. verte, non rog.

223. MUSÆUS. Contes populaires de l'Allemagne, traduits par A. Cerfberr de Médelsheim. Edition illustrée de 300 vignettes allemandes. *Paris, Havard*, 1846, 2 tomes en 1 vol. in-8 carré, fig. demi-rel. chag. r. dos orné.

> PREMIER TIRAGE orné de nombreuses vignettes gravées sur bois.
> La table de la première partie manque.

224. MYTHOLOGIE ancienne. — Réunion de 15 vol. in-12 et in-8, dont 4 brochés et 11 reliés et une brochure,

> Dictionnaire mythologique universel, composé par le Dr E. Jacobi, traduit de l'allemand, par Th. Bernard. *Paris*, 1863. — Essais sur la Mythologie comparée, les Traditions et les Coutumes, par Max Müller. Ouvrage traduit de l'allemand, par Georges Perrot. *Paris*, 1873. — George Cox. Les Dieux et les Héros. Contes mythologiques traduits de l'anglais par F. Baudry et E. Délerot. *Paris*, 1867 — La Mythologie et la Théologie des Contes d'enfants, par F. Martin-Arzelier. *Neuchatel*, 1871. — Croyances et Légendes de l'Antiquité, par Alfred Maury. *Paris*, 1863. — La Magie et l'Astrologie dans l'Antiquité et au Moyen âge (par le même). *Paris*, 1864. — Les Dieux de l'ancienne Rome, mythologie romaine de L. Preller ; traduction de M. L. Dietz. *Paris*. 1866. — Les Temps mythologiques, par A. C. Moreau de Jonnès. *Paris*, 1876. — Etc.

225. NAIN Jaune (le), ou Journal des arts, des sciences et de la littérature (par Cauchois-Lemaire, Dirat, C.-G. Etienne, de Jouy, Bory de Saint-Vincent, J.-T. Merle et autres). *Paris, Impr. Fain, 15 décembre 1814 au 15 juillet 1815*. 39 numéros (*sur 43*) en 2 vol. in-8, 8 caricatures gr. et pliées, dont 7 *coloriées*, cart. perc. r.

> On a relié à la suite du tome II : Fantaisies politiques, morales, critiques et littéraires, recueillies et publiées par A. Cauchois-Lemaire. *Paris, Dentu*, 1815, 72 pp.

226. Nares (Robert). A Glossary; or Collection of words, phrases, names, and allusions to customs, proverbs, etc., which have been thought to require illustration, in the works of english authors particularly Shakespeare and his' contemporaries. A new edition with considerable additions both of words and examples, by James O. Halliwell and Thomas Wright. *London, John Russell Smith*, 1872, 2 vol. in-8 à 2 col. cart. perc. grenat, non rog.

227. Nisard (Charles) : Histoire des Livres populaires ou de la littérature du colportage, depuis l'origine de l'imprimerie jusqu'à l'établissement de la commission d'examen des livres du colportage, 30 novembre 1852. Deuxième édition revue, corrigée avec soin et considérablement augmentée ; 2 vol. — Des Chansons populaires chez les Anciens et chez les Français. Essai historique suivi d'une étude sur la chanson des rues contemporaine ; 2 vol. — *Paris, Dentu*, 1864-1867. — Ens. 4 vol. in-12, fig. demi-rel. v. r. et violet, dos orné.

228. Ovide. Les Métamorphoses traduites par G.-J. Dubois-Fontanelle. Nouvelle édition, revue, corrigée et augmentée de notes par l'auteur, avec le texte latin. On y a joint un Dictionnaire mythologique et des notes explicatives d'après Banier, Dupuis, Noël, etc., par F.-G. Desfontaines. *Paris, Duprat*, 1802, 4 vol. in-8, texte latin et traduction française en regard, portr. et 15 fig. non signés, demi-rel. chag. brun, dos orné, tête dor. ébarbé.

229. — Œuvres galantes et amoureuses. *A Genève (Paris, Cazin)*, 1777, 2 vol. in-12, portr. gr. par De Launay, mar. r. dos orné, fil. tr. dor. (*Rel. anc.*)

230. Pantchatantra, ou les Cinq Livres, recueil d'apologues et de contes, traduits du sanscrit, par Edouard Lancereau. *Paris, Imprimerie Nationale*, 1871, gr. in-8, demi-rel. mar. vert avec coins, dos orné, fil. tête dor. non rog.

231. PARIS a travers les ages. Aspects successifs des monuments et quartiers historiques de Paris depuis le XIIIe siècle jusqu'à nos jours, fidèlement restitués... par M. F. Hoffbauer. Texte par MM. A. Bonnardot, Jules Cousin, E. Drumont, Valentin Dufour, Ed. Fournier, Paul Lacroix, etc. *Paris, Firmin-Didot*, 1882, 2 vol. en 14 livraisons in-fol. texte encadré, nombr. pl. noires et en chromolithog. et fig. en feuilles, dans des cartons, perc. r.

232. Paroissien (Petit) des Dames. *Paris, Le Fuel, s. d.*, in-16,

titre-front. et 7 fig. gr. cart, couvert de satin blanc, dos orné,
fil. et dent. doublé et gardes de soie blanche, tr. dor. dans un
étui.

233. PASCAL. Pensées, publiées d'après le texte authentique et le
seul vrai plan de l'auteur avec des notes philosophiques et
théologiques et une notice biographique par Victor Rocher.
Tours, Mame, 1873, gr. in-8, portr. gr. à l'eau-forte, demi-rel.
mar. r. avec coins, fil. tête dor. non rog.

> Un des 275 exemplaires numérotés sur GRAND PAPIER VERGÉ (n° 28).

234. PERCY (Thomas). Reliques of ancient english poetry : con-
sisting of old heroic ballads, songs, and other pieces of our
earlier poets ; together with some few of later date. *London,
Lewis*, 1839, 3 vol. in-8, cart. dos de bas. r. dos orné, tête dor.
non rog.

235. PERRAULT. Les Contes des Fées en prose et en vers.
Deuxième édition, revue et corrigée sur les éditions originales
et précédée d'une lettre critique par Ch. Giraud. *Lyon, Imprimerie Louis Perrin*, 1865, in-8, pap. vergé, portr. fig. et vign.
gr. vélin blanc à recouvr. titre calligraphié sur le dos, tête r.
non rog.

> Exemplaire avec une *double suite* des figures et le *tirage à part en bleu*
> sur CHINE VOLANT, des vignettes du texte.

236. PICARD (L.-B.). Théâtre. Nouvelle édition précédée d'une
biographie de l'auteur par M. Edouard Fournier, ornée du
portrait en pied colorié des principaux acteurs qui ont joué
d'original. *Paris, Laplace, Sanchez*, 1880, fort vol. gr. in-8 à
2 col. portr. demi-rel. mar. La Vall. avec coins, dos orné, fil.
tête dor. non rog. (*Privitera.*)

> Exemplaire sur GRAND PAPIER avec les portraits en *double état* ; en noir
> et en COULEUR.

237. PICTET (Adolphe). Les Origines Indo-Européennes, ou les
Aryas primitifs. Essai de paléontologie linguistique. *Paris,
Cherbuliez*, 1859-1863, 2 vol. gr. in-8, demi-rel. chag. r. tête
dor. non rog.

238. PIRON. Poésies choisies et Pièces inédites. Avec une notice
bio-bibliographique par Honoré Bonhomme. *Paris, Quantin*,
1879, in-8, portr. gr. à l'eau-forte et vign. gr. par Gaujean et
fac-similé, demi-rel. mar. citron avec coins, dos orné et mosaïqué de mar. grenat et bleu, fil. tête dor. non rog. (*Privitera.*)

> Exemplaire numéroté sur GRAND PAPIER WHATMAN BLANC (n° 55) avec les
> figures en *double état* : avec la lettre en noir et AYANT LA LETTRE *à la san-
> guine* sur JAPON.

239. PLANTET (Eugène). La Collection de Statues du Marquis de
Marigny... Catalogue descriptif accompagné de 28 héliogra-
vures et précédé de la biographie du Marquis de Marigny...
Paris, Quantin, 1885, gr. in-8, pl. br.
ENVOI ET LETTRE AUTOGRAPHES de l'auteur.

240. PLUTARQUE. Les Vies des Hommes illustres, traduites en
françois, avec des remarques historiques et critiques, par
Mr Dacier,... Nouvelle édition. augmentée de plusieurs notes et
d'un dixième tome. *Amsterdam, Chatelain,* 1735, 10 vol. —
Histoire de Scipion l'Africain et d'Epaminondas pour servir
de suite aux hommes illustres de Plutarque, par M. l'abbé
Seran de La Tour. *Paris, Didot,* 1752. — Ens. 11 vol. in-12,
10 front. portraits, planche et carte, v. f. ant. dos orné, fil. tr.
dor. (*Rel. unif.*)

241. POE (Edg.). HISTOIRES (ET NOUVELLES HISTOIRES) EXTRAOR-
DINAIRES, traduites par Charles Baudelaire. Edition illustrée
de treize gravures hors texte. *Paris, Quantin,* 1884, 2 vol.
in-8 portr. et pl. gr. à l'eau-forte, v. f. dos orné, fil. têtes de
morts sur le dos et aux angles des plats, dent. int. tête dor.
non rog. couv. *illustrées.* (*Privitera.*)
Un des 100 exemplaires numérotés sur PAPIER DU JAPON (n° 63) avec les
eaux-fortes en double état : avec la lettre sur HOLLANDE et AVANT LA
LETTRE sur JAPON.

242. POÈMES, Chansons et farces français, du XIIe au XVIe
siècle. — Réunion de 6 vol. in-12, in-8 et in-4, cart. ou demi-
rel. chag. et mar.
Huon de Bordeaux. Chanson de geste, publiée par MM. F. Guessard
et C. Grandmaison. *Paris,* 1860 — Véland le forgeron. Dissertation sur
une tradition du Moyen âge, par G. B. Depping et Francisque Michel.
Paris 1833. (*Tiré à petit nombre).* — La Chanson du Chevalier au cygne
et de Godefroid de Bouillon, publiée par C. Hippeau. Première partie.
Le Chevalier au cygne. *Paris,* 1874. — La Chronique de Louis XI, dite
Chronique scandaleuse faussement attribuée à Jean de Troyes restituée
à son véritable auteur, par Auguste Vitu. *Paris,* 1873. — Chroniques,
Contes et légendes, par Charles-Amédée Beneyton. *Paris,* 1854. — Nou-
veau Recueil de Farces françaises des XVe et XVIe siècles, publié par
Emile Picot et Christophe Nyrop. *Paris,* 1880.

243. POÈTES (les) Français. Recueil des chefs-d'œuvre de la
poésie française depuis les origines jusqu'à nos jours avec une
notice littéraire sur chaque poète par MM. Ch. Asselineau,
H. Babou, Ch. Baudelaire, Th. de Banville, Ed. Fournier,
Th. Gautier, J. Janin, A. de Montaiglon, etc., précédé d'une
introduction par M. Sainte-Beuve, publié sous la direction de
M. Eugène Crépet. *Paris, Gide et Hachette,* 1861-1862, 4 vol.
in-8, demi-rel. mar. vert à long grain avec coins, dos orné,
fil. tête dor. ébarbé.
Très légère mouillure à la marge inférieure de quelques feuillets du
tome IV.

244. **Poètes** Anglais anciens. — Réunion de 6 vol. in-12 et gr. in-8, dont 1 br. et 5 cart.

The Poems of Ossian, translated by James Macpherson. *London, s. d.* front. et figure gr. — Ossian, barde du IIIe siècle, poèmes gaéliques recueillis par James Mac-Pherson, traduction revue sur la dernière édition anglaise, par P. Christian. *Paris,* 1879. — The Poetical Works of Geoffrey Chaucer, with an essay on his language and versification, and an introductory discourse, by thomas Tyrwhitt. *London,* 1871, portr. et front. gr. — The Works of Edmund Spenser, with a selection of notes from various commentators, and a glossarial index, by the Rev. H. J. Todd. *London,* 1872, 2 portr. et front. gr. — Fairy, Tales, legends and romances illustrating Shakespeare and other early English writers. *London,* 1875. — The Poetical Works of sir Walter Scott. *Paris,* 1838, 2 parties en 1 vol. portr. gr.

245. **Portalis** (le Baron Roger). Honoré Fragonard, sa vie et son œuvre, 210 planches et vignettes d'après les peintures, estampes et dessins originaux. Eaux-fortes par Lalauze, Champollion, Courty, De Mare... etc. *Paris, Rothschild,* 1889, fort vol. gr. in-8, portr. pl. hors texte, vign. en tête et culs-de-lampe, demi-rel. mar. vert, dos orné, tête dor. non rog. *couverture illustrée en couleur.*

Exemplaire numéroté sur SIMILI-JAPON (n° 207).

246. **Puissance** paternelle (Ouvrage sur la). *Paris,* 1891-1901. — Réunion de 7 vol. in-12 et in-8, br.

Code de la puissance paternelle sur la personne des enfants et descendants, par Georges Leloir; 2 vol. — La Puissance paternelle et ses limites, par Paul Nourrisson. — Des Restrictions et déchéances de la puissance paternelle sur la personne de l'enfant en droit romain et en droit français, par Maurice Vingtain. — De la Protection de l'enfant contre les abus de la puissance paternelle, par G. Drucker. — La Correction paternelle et l'école de réforme, par George Delegorgue. — Déchéance de la puissance paternelle et la protection des mineurs placés avec ou sans l'intervention des parents, par Frédéric Nillus.

247. **Rabelais.** Les Quatre Livres, suivis du manuscrit du cinquième livre, publiés par les soins de MM. A. de Montaiglon et Louis Lacour ; 3 vol. — Eugène Noël. Rabelais et son Œuvre. Etude historique et littéraire ornée d'un portrait gravé à l'eau-forte pour Gilbert. — *Paris, Académie des Bibliophiles,* 1868-1872. — Ens. 4 vol. in-8, pap. vergé, portr. mar. r. à long grain, dos orné, fil. tête dor. ébarbé. (*Perreau.*)

Le dernier volume est en demi-rel. mar. r. avec coins, dos orné, fil. tête dor. ébarbé.

248. **Rambaud** (Alfred). La Russie épique. Etude sur les chansons héroïques de la Russie, traduites ou analysées pour la première fois. *Paris, Maisonneuve,* 1876, gr. in-8, demi-rel. v. f. dos orné, fil. tête dor. non rog.

249. **Régamey** (Félix). A Gambetta (Texte par G. Dalsace, Paul Cabaret, Gerschel, E. Siebecker, Ch. et P. Leser, Paul Fou-

cher, Félix Régamey). *Paris*, 1884, in-4, pap. de Hollande et
11 pl. en photogravure et en lithochromie, en feuilles, dans
un carton, perc. blanche, fers spéciaux.
Tiré à petit nombre.

250. REINSBERG-DURINGSFELD (le baron de). Traditions et légendes
de la Belgique. Descriptions des fêtes religieuses et civiles,
usages, croyances et pratiques populaires des Belges anciens
et modernes. *Bruxelles*, 1870, 2 vol. in-8, br.

251. RÉMOND (Jules). Polichinelle, farce en trois actes, pour
amuser les grands et les petits enfants ; illustrée de vignettes
par Math. Gringoire. *Paris, Delarue, s. d.* (1838), in-16, front.
et 8 fig. gr. sur bois, demi-rel. v. vert, tr. dor.

252. REVUE des Deux Mondes, de 1893 (*LXIII*e *année*) à 1908 ;
60 vol. — Tables générales de 1831 à 1901 ; 4 tomes en 3 vol.
— *Paris*, 1886-1908. — Ens. 63 vol. in-8, dont 2 br., 6 en livraisons et 55 en demi-rel. v. vert, dos orné.
Années 1893 à 1901 et 1908.

253. — Revue comique à l'usage des gens sérieux. Histoire morale,
philosophique, politique... de la semaine. Texte par MM. Jean
Vertot, C. Caraguel, A. Lireux, E. de La Bédollière,... etc.
Dessins par Bertall, Nadar, Fabritzius, Otto, Lorentz,... etc.
Novembre 1848... — Décembre 1849. *Paris, Dumineray, s. d.*
(1848-1849), 2 vol. in-4, nombr. fig. demi-rel. chag. r. tête
dor. ébarbé, *couvertures* pour 3 livraisons.

254. — Revue philanthropique paraissant le 15 de chaque
mois. Paul Strauss, directeur. *Paris, Masson*, 1906-1908,
4 vol. gr. in-8, en livraisons.
Tomes XX à XXIII *moins la livraison d'août* 1908. — On a ajouté
10 livraisons dépareillées.

255. ROGET, baron de Belloguet. Ethnogénie gauloise, ou
Mémoires critiques sur l'origine et la parenté des Cimmériens,
des Cimbres, des Ombres, des Belges, des Ligures et des
anciens Celtes. *Paris, Maisonneuve*, 1861-1873, 4 vol. in-8,
planche gr., dont 3 en demi-rel. chag. violet, dos orné
et 1 br.
Glossaire gaulois. Deuxième édition. — Preuves physiologiques. —
Preuves intellectuelles. — Les Cimmériens.

256. ROLLAND (Eugène) : Faune populaire de la France (Noms
vulgaires, dictons, proverbes, contes et superstitions). *Paris,
Maisonneuve*, 1877-1883, 6 vol. — Flore populaire, ou Histoire
naturelle des plantes dans leurs rapports avec la linguistique
et le folk-lore. *Paris, Rolland*, 1896-1900, 3 vol. — Ens. 9 vol.
in-8, dont 7 cart. et 2 br.

257. Roman (Le) du Renart, publié d'après les manuscrits de la
Bibliothèque du Roi des XIII°, XIV° et XV° siècles, par M. D.-
N. Méon... *Paris, Treuttel et Würtz*, 1826; 4 vol. — Supplé-
ment, variantes et corrections, publié par P. Chabaille: *Paris,
Silvestre*, 1835. — Ens. 5 vol. in-8, 4 fig. par Desenne, demi-
rel. v. f. dos orné, tête dor. ébarbé.

Taches de rousseur.

258. Rousseau (J.-J.). Les Confessions avec une préface par
Marc-Monnier: Treize eaux-fortes par. Ed. Hédouin. *Paris,
Librairie des Bibliophiles*, 1881, 4 vol. in-8, portr. et eaux-fortes
demi-rel. mar. gris, dos orné, tête dor. non rog. (*Privitera.*)

Un des 170 exemplaires numérotés sur GRAND PAPIER DE HOLLANDE
(n° 126.)

259. — La Nouvelle Héloïse, ou Lettres de deux Amans, habitans d'une petite ville au pied des Alpes. Nouvelle édition,
revue, corrigée et augmentée de figures en taille-douce, et
d'une table des matières. *Neuchatel et Paris, Duchesne*, 1764,
4 vol. in-8, beau front. par Cochin et 12 fig. par Gravelot, v.
ant. granit, dos orné, fil. tr. r.

Légères mouillures aux tomes III et IV.

260. Rouveyre (Edouard). Connaissances nécessaires à un Bibliophile. Troisième édition, corrigée et augmentée. Ouvrage
accompagné de sept planches et de cinq spécimens de papier.
Paris, Rouveyre, 1879-1882, 2 vol. in-8, pap. vergé et pl.
demi-reliure mar. rouge avec coins, dos orné, fil. tête dorée,
non rog.

261. Saadi de Schiraz. Le Boustan, ou Verger, poème persan,
traduit pour la première fois en français avec une introduction
et des notes par A.-C. Barbier de Meynard. *Paris, Leroux*,
1880, in-8, texte encadré d'un fil. r. demi-rel. v. f. dos orné,
tête dor. non rog.

262. Sacchetti (Franco). Nouvelles choisies (XIV° siècle), traduites en français par Alcide Bonneau. — Les Dialogues du
divin Pietro Aretino, entièrement et littéralement traduits pour
la première fois ; 6 parties en 2 vol. — Nouvelles de Agnolo
Firenzuola, (XVI° siècle), traduites en français par Alcide
Bonneau. — *Paris, Liseux*, 1879-1881. — Ens. 4 vol. in-16,
pap. vergé et portr. gr. dont 1 en demi-rel. mar. vert avec coins,
dos orné et 3 en mar. orange jans. dent. int. tête dor. non rog.
(*Privitera.*)

263. Saint-Graal (le), ou le Joseph d'Arimathie, première
branche des Romans de la Table ronde, publié par Eugène

Hucher. *Au Mans et Paris,* 1875-1878, 3 vol. in-12, front.
demi-rel. v. r. dos orné, tête dor: ébarbé:

264. Saint-Lambert. Les Saisons, poème (par Saint-Lambert). Cinquième édition, revue et corrigée. *Amsterdam,* 1773, 2 parties
en 1 vol. in-8, front. fleuron sur le titre, 4 fig. et 4 vign. par
Le Prince, Gravelot et Choffard, v. ant. marb. dos orné. fil tr.
peigne.

Cachet sur le titre. .

265. Saint-Pierre (Bernardin de). Voyage à l'Isle de France, à
l'Isle de Bourbon, au Cap de Bonne-Espérance, etc., avec des
observations nouvelles sur la nature et sur les hommes, par
un Officier du Roi (Bernardin de Saint-Pierre). *Amsterdam et
Paris, Merlin,* 1773, 2 tomes en 1 vol. in-8, 3 fig. par Moreau
et 3 pl. gr. et pliées, v. f. dos orné, fil. tr. dor. (*Bozérian
jeune.*)

Édition originale, rare.

266. Sallaberry (J.-D.-J.). Chants populaires du Pays Basque.
Paroles et musique originales, recueillies et publiées avec
traduction française. *Bayonne,* 1870, gr. in-8, musique notée,
demi-rel. v. f. dos orné, tête dor. non rog.

267. Sarrazin (Adrien de). OEuvres. *Paris, Urbain Canel,* 1825,
6 vol. in-18, 6 fig. par Devéria, demi-rel. mar. r. à long grain
avec coins, dos orné, non rog. (*Thouvenin.*)

Le Caravansérail, ou Recueil de Contes orientaux ; 2 vol. — Bardouc,
ou le Pâtre du mont Taurus. — Contes nouveaux et Nouvelles nouvelles ;
2 vol.
Piqûres d'humidité.

268. Scarron. Le Roman comique, peint par J.-B. Pater et
J. Dumont le Romain... réduit d'après les gravures au burin
de Surugue père et fils, Benoit Audran; Edme Jeaurat, Lépicié,
G. Scotin... par M. Tiburce de Mare, et accompagné de notices
explicatives par M. Anatole de Montaiglon. *Paris, Rouquette,*
1883, in-4, portr. et 16 fig. gr. cart. perc. r. fers spéciaux,
non rog.

269. — Théâtre complet. Nouvelle édition précédée d'une notice
biographique par M. Edouard Fournier et illustrée de quatre
gravures coloriées dessinées par MM. Bayard, M. Sand et
Louis Fournier. *Paris, Laplace, Sanchez et C*ie, 1879, fort
vol. in-12, fig. demi-rel. mar. grenat avec coins, dos orné,
fil. tête dor. non rog.

Un des 100 exemplaires numérotés sur papier de Hollande (n° 3) avec
les figures en *double état* : en noir et coloriées.

270. Schuayes (A.-G.-B.). Les Pays-Bas avant et durant la domination romaine, ou Tableau historique, géographique, physique, statistique et archéologique de la Belgique et de la Hollande, depuis les premiers temps historiques jusqu'au VI° siècle. *Bruxelles*, 1837-1838, 2 vol. in-8, 3 cartes gr. et pliées, dont 2 en couleur, demi-rel. chag. brun, dos orné, tête marb. ébarbé.

271. Schliemann (Henri). Ilios, ville et pays des Troyens. Résultat des fouilles sur l'emplacement de Troie et des explorations faites en Troade de 1871 à 1882, avec une autobiographie de l'auteur, 2 cartes, 8 plans et environ 2.000 gravures sur bois. Traduit de l'anglais par Madame E. Egger. *Paris, Firmin-Didot*, 1885, fort vol. gr. in-8, nombr. fig. et vign. pl. et cartes pliées, demi-rel. v. bleu, dos orné, tête dor. non rog.

272. Schlumberger (Gustave). Un Empereur Byzantin au X° siècle. Nicephore Phocas. Ouvrage illustré de 4 chromolithographies, 3 cartes et 240 gravures d'après les originaux ou d'après les documents les plus authentiques. *Paris, Firmin-Didot*, 1900, in-4, nombr. pl. fig. et cartes en noir et en couleur, demi-rel. mar. violet, dos orné, tête dor. ébarbé.

273. Sébillot (Paul). Contes et Légendes. — *Paris, Rennes et Nantes*, 1880-1908. — Réunion de 10 vol. in-12, dont 3 br. et 7 cart. ou demi-rel., plus 9 brochures.

> Contes populaires de la Haute-Bretagne. Contes des Paysans et des pêcheurs. — Contes des Marins. — Légendes, Croyances et superstitions de la mer, 2 vol. — Contes des provinces de France. — Contes des landes et des grèves. — Petite Légende dorée de la Haute-Bretagne. — La Bretagne enchantée. — Le Paganisme contemporain chez les peuples Celto-latins. — Etc.

274. Shakespeare. Œuvres complètes, traduites par Emile Montégut. *Paris, Hachette*, 1867-1873, 10 vol. in-12, demi-rel. chag. r. dos orné, tête dor. ébarbé.

275. — Jest-Books ; reprints of the early and very rare jest-books supposed to have been used by Shakespeare. Edited with introduction and notes, by W. Carew Hazlitt. *London, Willis*, 1864, 3 vol. pet. in-8, demi-rel. bas. r.

276. Silvestre (Armand). Chroniques du temps passé. Le Conte de l'Archer. Aquarelles de A. Poirson gravées par Gillot. Impression chromotypographique par A. Lahure. *Paris, Lahure*, 1883, in-8 carré, front. et nombr. fig. en couleur, demi-rel. mar. olive avec coins, dos orné, fil. tête dor. ébarbé.

> De la *Collection Lahure*.

277. SINISTRARI d'Ameno (le R. P.). De la Démonialité et des animaux incubes et succubes, où l'on prouve qu'il existe sur terre des créatures raisonnables autres que l'homme, ayant comme lui un corps et une âme, naissant et mourrant comme lui, rachetées par N.-S. Jésus-Christ et capables de salut et de damnation... Ouvrage inédit, publié d'après le manuscrit original et traduit du latin par Isidore Liseux. *Paris, Liseux,* 1875, in-8, pap. vergé, demi-rel. mar. vert avec coins, dos orné, fil. tête dor. non rog.

Tiré à 598 exemplaires numérotés (n° 447).

278. SONNETS des vieux Maistres françois, 1520-1670. *Paris, Plon,* 1882, in-16, demi-rel. mar. La Vall. dos orné, tête dor. non rog. (*Privitera.*)

Un des 80 exemplaires numérotés sur PAPIER DE HOLLANDE (n° 32).

279. SOULARY (Joséphin) : Sonnets humouristiques. Nouvelle édition, considérablement augmentée précédée d'une préface en vers par Jules Janin. — Les Figulines, suivies du Rêve de l'Escarpolette et de quelques autres pièces. — *Lyon, Scheuring,* 1859-1862. — Ens. 2 ouvrages en 1 vol. in-8, pap. vergé teinté, portr. et fig. demi-rel. mar. brun avec coins, dos orné, fil. tête dor. ébarbé.

Le second ouvrage est en ÉDITION ORIGINALE.

280. SWIFT. Les Quatre Voyages du Capitaine Lemuel Gulliver (par J. Swift). Traduction de l'abbé Desfontaines, revue, complétée et précédée d'une notice par H. Reynald. Gravures à l'eau-forte par Lalauze. *Paris, Librairie des Bibliophiles,* 1875, 4 parties en 2 vol. in-16, pap. vergé, portr. et eaux-fortes, demi-rel. mar. r. avec coins, dos orné et mosaïqué de mar. bleu, fil. tête dor. ébarbé.

De la *Petite Bibliothèque artistique.*

281. TASSE (le). Jérusalem délivrée. Poème, traduit par Le Brun. *Paris, Bossange, Masson et Besson, an II* (1794), 2 tomes en 1 vol. in-8, 2 titres avec fleurons gr. par Drouet, 2 front. avec portraits par Gravelot, 20 fig. et 2 culs-de-lampe du même non signés, mar. r. dos orné et fleurdelisé, fil. et comp. tr. dor. (*Rel. anc. remboîtée.*)

Léger raccommodage au dernier feuillet du tome II.

282. THORPE (Benjamin). Northern Mythology, comprising the principal popular traditions and superstitions of Scandinavia, North Germany and the Netherlands. Compiled from original and other sources. *London, Edward Lumley,* 1851-1852, 3 vol. in-8, front. gr. sur bois cart. dos de bas. brune, non rog.

283. Thouthi-Nameh. Contes extraits du Thouthi-Nameh, traduits du persan par G.-S. Trébutien. *Paris, Dondey-Dupré,* 1825, gr. in-8, demi-rel. v. f. non rog.

> Cet ouvrage, imprimé sur grand jésus vélin, n'a été tiré qu'à 50 exemplaires numérotés (n° 31).
> Envoi autographe du traducteur.

284. Tiersot (Julien). Histoire de la Chanson populaire en France. — Mélodies populaires des Provinces de France ; 3 parties en 1 vol. — *Paris, Plon et Heugel,* 1887-1889. — Ens. 4 parties ou ouvrages en 2 vol. gr. in-8, musique notée, demi-rel. v. f. dos orné.

> Envois autographes de l'auteur à M. Brueyre.

285. Tin-Tun-Ling, lettré de la province de Chang-Si. La Petite Pantoufle (Thou-Sio-Sié). Traduction de M. Charles Aubert. Avec six eaux-fortes originales reproduites par Frédéric Chevalier. *Paris, Librairie de l'Eau-forte,* s. d. (1875), in-8, 6 eaux-fortes, cart.

286. Tressan (le comte de). OEuvres choisies ; avec figures. *Paris,* 1787-1791, 12 vol. in-8, portr. par Borel et 20 fig. par Marillier, v. ant. jaspé, dos orné, fil. tr. marb.

> Quelques petites tachos.

287. Uchard (Mario). Mon Oncle Barbassou, orné de 40 compotions gravées à l'eau-forte par Paul Avril. *Paris, Lemonnyer,* 1884, gr. in-8, pap. vélin, fig. demi-rel. mar. r. dos orné, fil. tête dor. ébarbé, couverture. (*Privitera.*)

288. Uzanne (Octave). L'Eventail. Illustrations de Paul Avril. *Paris, Quantin,* 1882, gr. in-8, fig. en noir et en couleur, br. *couverture illustrée,* dans un emboîtage artistique illustré en satin bleu.

289. — L'Ombrelle, le Gant, le Manchon. Illustrations de Paul. Avril. *Paris, Quantin,* 1883, gr. in-8, fig. en noir et en couleur, br. *couverture illustrée,* dans un emboîtage artistique illustré en satin rose.

290. Vacquerie (Auguste). Tragaldabas. Edition illustrée de 54 compositions de Edouard Zier, gravées par F. Méaulle. *Paris, Chamerot,* 1886, in-4, pap. vélin, portr. front. pl. et fig. demi-rel. mar. brun, dos orné, fil. tête dor. ébarbé, premier plat de la couverture conservé.

> Belle édition tirée à 600 exemplaires numérotés (n° 109).

294. Vadé. Poésies et Lettres facétieuses, avec une notice bio-bibliographique par G. Lecocq. *Paris, Quantin,* 1879, in-8,

portr. figure et fac-similé, demi-rel. mar. bleu avec coins, dos
orné, fil. tête dor. non rog.

Exemplaire numéroté sur GRAND PAPIER WHATMAN BLANC (n° 55), avec les
figures en *double état* : avec la lettre en noir et AVANT LA LETTRE *à la sanguine* sur JAPON.

292. VALMIKI. Ramayana. Poème sanscrit, mis en français par
Hippolyte Fauche. *Paris, Frank,* 1854-1858, 9 vol. in-12,
demi-rel. mar. r. tête dor. non rog.

Ouvrage très recherché.

293. VIGNY (Alfred de). Servitude et Grandeur militaires. Dessins
de Julien Le Blant gravés à l'eau-forte par Champollion. *Paris,
Librairie des Bibliophiles,* 1885, in-8, pap. vélin de Hollande,
portr. et fig. demi-rel. mar. vert, dos orné, fil. tête dor. ébarbé.
(*Privitera.*)

De la *Bibliothèque artistique moderne.*

294. VOLTAIRE. Candide, ou l'Optimisme. Edition originale,
suivie d'une lettre de M. Démad et de notes et variantes (publiée par M. P. Chéron). *Paris, Académie des Bibliophiles,*
1869, in-8, portr. gr. à l'eau-forte, mar. vert à long grain, dos
orné, fil. dent. int. tête dor. ébarbé,

De la *Collection des romans classiques du XVIII° siècle.*
Edition tirée à 342 exemplaires.
Exemplaire n° 290 sur papier vergé.

295. VORAGINE (Jacques de). La Légende Dorée, traduite du latin
et précédée d'une notice historique et bibliographique, par
M. G. B. (Gustave Brunet). *Paris, Gosselin,* 1843, 2 vol. in-12,
2 front. ajoutés, demi-rel. v. r. dos orné, tête dor. ébarbé.

Rare.

296. WARTON (Thomas). The History of english poetry, from the
close of the eleventh to the commencement of the eighteenth
century. To which are prefixed, three dissertation. A new edition carefully revised, by the editor (Richard Price). *London,
printed for Thomas Tegg,* 1824, 4 vol. in-8, portr. cart. dos de
perc. verte, non rog.

Exemplaire de M. PARK, commentateur, avec *lettre autographe* de l'édi-
teur, M. Richard PRICE, ajoutée.

297. WILSON (H.-H.). Essays analytical, critical and philologi-
cal on subjects connected with Sanskrit Literature. Collected
and edited by Dr. Reinhold Rost. *London, Trübner,* 1864,
3 vol. in-8, cart. perc. grenat, non rog.

298. WRIGHT (Thomas). Histoire de la Caricature et du gro-
tesque dans la littérature et dans l'art... Traduction d'Octave

Sachot. Deuxième édition illustrée de 238 gravures intercalées dans le texte. Notice par Amédée Pichot. *Paris, Delahays*, 1875, in-8, fig. cart. perc. verte, fers spéciaux, non rog.

299. Zeller (Jules). Histoire d'Allemagne. *Paris, Didier et Perrin*, 1872-1885, 5 vol. in-8, cartes gr. demi-rel. v. f. dos orné, tête dor. ébarbé.

Origines de l'Allemagne et de l'Empire Germanique. — Fondation de l'Empire Germanique, — L'Empire Germanique et l'Eglise au Moyen âge. — L'Empire Germanique sous les Hohenstauffen. — L'Empereur Frédéric II et la chute de l'Empire Germanique du Moyen âge.

300. Zola (Emile). Nouveaux Contes à Ninon. 1 frontispice et 30 compositions dessinés et gravés à l'eau-forte par Ed. Rudeaux. *Paris, Conquet*, 1886, 2 tomes en 1 vol. in-8, front. et vign. gr. à l'eau-forte, demi-rel. mar. orange avec coins, dos orné et mosaïqué de maroquin vert, fil. tête dorée, non rog. (*Privitera.*)

Un des 150 exemplaires numérotés sur grand papier du Japon impérial (n° 82).

N° 1340

Tours. — Imp. Tourangelle, 20-22, rue de la Préfecture.

Vade-Mecum du Bibliothécaire

ou

RÈGLES PRATIQUES

POUR LA RÉDACTION DES CATALOGUES ET LE CLASSEMENT DES VOLUMES

SUIVIES D'UNE

INSTRUCTION RAISONNÉE

SUR LE FORMAT DES LIVRES

Par le Marquis DARUTY DE GRANDPRÉ

Paris, 1897. — In-8 raisin de 64 pages . . . . **3 fr.**

L'auteur a, dans cet opuscule, résumé en préceptes clairs les procédés adoptés par les professionnels les plus autorisés, les accompagnant çà et là d'aperçus particuliers et de conseils pratiques, élucidant plus loin, dans une étude complète et tout à fait originale, le problème des formats, condensant enfin ses conclusions en trois tableaux synoptiques entièrement inédits et d'une réelle utilité. Présentées avec méthode et sous une forme neuve, ces instructions faciliteront et régleront le *modus faciendi* du bibliographe, dont elles constituent bien, ainsi que le titre l'indique, l'indispensable *vade-mecum*, soit qu'il ait à faire l'examen ou la description d'un ouvrage, soit qu'il s'agisse pour lui d'en discerner le format vrai, souvent si difficile à reconnaître à première vue.

Lettres d'un Bibliographe

Par J.-P.-A. MADDEN

Paris, 1873-1886, 6 vol. ornés de nombr. pl. et fac-similés et 2 atlas in-4.

Tome I — *Épuisé.*

Tome II : Bible de Zel. — Caxton. — Adrien le Chartreux plagiaire de Pétrarque, etc. 3 »

Tome III : Gutenberg à Strasbourg, Mayence, etc. — Schoiffer. — L'imprimerie de Weidenbach, etc. 3 »

Tome IV : Ulric Zel et l'école typographique de Cologne. — Caxton. — Mentelin. — Les Imprimeurs de Cologne au XV° siècle. — Le premier livre imprimé en Italie, etc. 4 »

Tome V : Premières éditions du *Compendium de Francorum gestis*. — Atelier souterrain de Gutenberg. — Premières tables de logarithmes. — Établissement de l'imprimerie en Languedoc. — La plus ancienne imprimerie de Versailles. — DE L'ORIGINE DE L'IMPRIMERIE A PARIS (étude de 180 pp.), etc. 1 vol. et atlas in-4 de 7 pl. dont un ancien plan du quartier de la Sorbonne. 6 »

Tome VI : Origines de l'Imprimerie à Tours. — Incunables de Toulouse. — Armes de l'Imprimerie. — Invention de la presse mécanique. — Première édition de La Rochefoucauld. — Système duodécimal. — Le Papyrus, origine du papier (13 lettres). — ORIGINE DE L'IMITATION. — Tables des six volumes. — 1 vol. et atlas in-4 de 7 pl. en noir et en couleur et un tableau. 4 »

CATALOGUE D'UNE PARTIE DES LIVRES COMPOSANT LA BIBLIOTHÈQUE DES DUCS DE BOURGOGNE au XV° siècle. Seconde édition, revue et augmentée d'un catalogue de la bibliothèque des Dominicains de Dijon, rédigé en 1507, avec détails historiques, philologiques et bibliographiques. *Dijon*, 1841, in-8 de 143 pp. pap. vergé, br. **1 fr.**

LES TRAVAUX DU CONGRÈS BIBLIOGRAPHIQUE INTERNATIONAL de 1876 à 1878. Par G. Pawlowski. *Paris*, 1879, in-8, br. **4 fr.**

ÉM. PAUL ET FILS ET GUILLEMIN
Libraires de la Bibliothèque Nationale
28, RUE DES BONS-ENFANTS, 28

COLLECTION DE POÉSIES
ROMANS, CHRONIQUES, ETC.

*Publiée d'après d'anciens manuscrits et d'après des éditions
des XVe et XVIe siècles*

Paris, Silvestre, 1838-1858, 25 vol. in-16 goth. vignettes sur bois,
broché. . . . . **75 fr.**

Cette collection contient : Les Sept marchands de Naples. — Maistre Aliborum. — Sen suyvet plusieurs belles chansons. — Le Roman de Richard fils d'Robert le Diable. — Moralité de Nostre-Dame. — Les Proverbes communs. — Nativité de Nostre Seigneur Jhesuchrist. — Miracle de Nostre Dame d'Berthe. — Bigorne qui mange tous les hommes. — Mirouer des femmes vertueuses. — Miracle de Nostre Dame de la Gaudine. — Le Mystère de sainct Martin. — Le Songe de la Thoison d'or. — L'Histoire du noble Syperis de Vinevaulx. — La Guerre entre la hague, les membres et le vetre. — Le Chevalier délibéré. — Les Grans regrets de Mademoyselle du pallais. — L'Hystoire de Pierre de Provence. — Le Temple d'honneur. — Les Croniques de Gargantua. — Le Testament de Lucifer. — Roman d'Edipus. — Le Grant danse macabre. — M. Hambrelin.

Le vingt-cinquième volume est composé de *L'Art de rhétorique, les Quinzes signes et le Testament de Taste-Vin*, pièces publiées également par Silvestre.

Il ne reste plus que quelques exemplaires de cette charmante collection

---

L'ÉPITAPHE DE FRÈRE OLIVIER MAILLARD, S. l. n. d.,
in-16 goth. vign. sur bois, broché (*Réimpression faite par les soins de A. Veinant et tirée à très petit nombre par Ch. Lahure, en 1857.*) . . . **1 fr. »**

LES DEUX TESTAMENTS DE VILLON, suivis du Bancquet du Boys. Nouveaux textes, publiés d'après un manuscrit inconnu jusqu'à ce jour, et précédés d'une notice critique, par Paul L(acroix) Jacob. Paris, 1866, in-12, broché. (*Réimpression faite par Jouaust à un petit nombre d'exemplaires. — Publié à 7 francs*) . . . . . **1 fr. »**

LES PSEAUMES DE DAVID ET LES CANTIQUES, d'après un manuscrit français du XVe siècle, précédés de recherches sur le traducteur et de remarques sur la traduction. Par J.-P.-A. Madden. Paris, 1872, in-8 de lix-235 pp. portrait du roi David d'après Léonard Gaultier et fac-similé d'une page du manuscrit par Pilinski (*Publié à 12 fr.*) . . . **1 fr. 50**

Carte Hydrographique de la Mappemonde

EXTRAITE D'UN PORTULAN MANUSCRIT, EXÉCUTÉ À NAPLES EN 1511

Par VESCONTE DI MAJIOLO

Planche in-folio oblong, *tirée à très petit nombre*. . . . . **10 fr.**

Reproduction en fac-similé, par le procédé Charreyre, de la plus ancienne carte italienne manuscrite représentant les parties boréales du Nouveau-Monde. En effet, la **Terra de Los Ingres**, la **Terra de Lavoradore**, la **Terra de Cortereale**, l'archipel des **Antilles** (Cuba, Saint-Domingue, etc.), la **Terra Trovata p. Colombo** et la **Terra de Brazille** sont indiquées sur cette carte qui porte la mention suivante : **Vesconte di Majiolo cujus Janua composuy, in Neapoly de anno 1511 die x x January**, et faisait partie d'un précieux portulan, aujourd'hui en Amérique.

Tours, imp. Tourangelle, 20-22, rue de la Préfecture.